Heinrich Gasteiger
Gerhard Wieser
Helmut Bachmann

33X Suppen

VERLAGSANSTALT ATHESIA | BOZEN

LIEBE LESERIN, LIEBER LESER!

Wir freuen uns, dass Sie sich für ein Buch der »So genießt Südtirol«-Kochbuchreihe entschieden haben. Um in Zukunft noch besser auf Ihre Wünsche eingehen zu können, ist uns Ihre Meinung wichtig. Bitte senden Sie uns Ihre Anregungen, Ihre Kritik, Ihr Lob und auch Ihre Fragen zu unseren Büchern. Wir freuen uns auf Ihre Nachricht!

Fax +39 0471 976854 · info@so-kocht-suedtirol.it · www.so-kocht-suedtirol.it
www.facebook.com/sokochtsuedtirol

BIBLIOGRAFISCHE INFORMATION DER DEUTSCHEN NATIONALBIBLIOTHEK

Die Deutsche Nationalbibliothek verzeichnet diese Publikation in der Deutschen Nationalbibliografie; detaillierte bibliografische Daten sind im Internet abrufbar: http://dnb.d-nb.de

UMSCHLAGBILDER

Titelbild: Tomatencremesuppe
Rückseite: Kalte Tomatensuppe und Kalte Gurkensuppe · Dinkelvollkornsuppe

BILDNACHWEIS

Athesia-Archiv: Seite 19 ur
Helmut Bachmann: Seite 82/83
Udo Bernhart: Seite 9 o
www.fotolia.com/Freddy Smeets: Seite 11
Daniela Kofler: Seite 7 m, 9 u, 12, 14
Josef Pertner: Seite 8
Günther Pichler: Titelbild
Alle übrigen Aufnahmen stammen von Günther Pichler, Eggen, www.gpichler.com

IMPRESSUM

2012 · Zweite Auflage

Lektorat Wissenswertes: Klaus Innerhofer und Helga Taschler
Korrektorat: Kathrin Kötz
Umschlaggestaltung: ganeshGraphics, Lana
Design & Layout: Athesia Verlag
Druck: Athesia Druck, Bozen

ISBN 978-88-8266-647-7

www.athesiabuch.it
buchverlag@athesia.it

Ein Gruß aus der Genießerküche

Ein Süppchen in Ehren kann keiner verwehren. Klar ist, dass eine Suppe für uns zu jeder Mahlzeit gehört. Das Geheimnis einer guten Suppe sind gute Zutaten. Sie kann innerhalb von Minuten fix und fertig zubereitet sein und trotzdem so gut schmecken wie eine Suppe, an der Sie unter Umständen eine Stunde oder länger gekocht haben. Suppen gehören zu den Speisen, die wirklich jedem gelingen.
Fast alle Nahrungsmittel eignen sich für eine Suppe. Man dünste frisches Gemüse wie Zwiebeln, Zucchini, Tomaten, Bohnen, Mais, Kürbis oder Lauch in der passenden Schnitt- und Garart, gebe die passenden Gewürze und Kräuter wie Knoblauch, Origano, Basilikum und Lorbeer dazu, und fertig ist die Suppe. Sie müssen sich nur noch entscheiden, ob Sie die Suppe so belassen oder pürieren. Zur Verfeinerung können geröstete Brotwürfel, Olivenöl, Parmesan oder auch Sahne untergemischt werden. Eine gute Suppe ist kräftig und muss einen ausgeprägten Geschmack besitzen.

Für alle Suppen, die in diesem Buch beschrieben sind, gilt: Halten Sie sich nicht auf Biegen und Brechen an die Angaben in den Rezepten, sondern variieren Sie die Einlagen, die Kräuter, die Aromen, wie es Ihrem Geschmack entspricht.

Ihre Autoren

Helmut Bachmann Heinrich Gasteiger Gerhard Wieser

Inhalt

5 **Suppen, das Fundament der Alltagsküche**

5 Geschichte

5 Die Suppe heute

6 Suppenarten

8 Suppen mit Geschichte

10 Winterzeit ist Suppenzeit

11 Mit Kräutern und Gewürzen verfeinern

12 Suppen servieren

12 Einlagen und Beilagen für Suppen

13 Grundlage der Suppen: Bouillon, Consommé, Essenz

15 Suppenfleisch

16 Suppen binden

18 Wildkräuter/Wildgemüse

19 Suppen und Wein

87 **Kleines Küchenlexikon**

87 Ländertypische Bezeichnungen

88 **Register**

20 Gemüsesuppen

38 Fischsuppen

46 Südtiroler Suppen

60 Getreidesuppen

68 Eintöpfe

80 Kalte Suppen

82 Grundrezepte

84 Suppeneinlagen

Suppen, das Fundament der Alltagsküche

Da die Suppe aus preiswerten, vielfältigen und meist verfügbaren Zutaten zubereitet werden kann, erfreut sie sich in allen Bevölkerungsschichten großer Beliebtheit.

Geschichte

Für Suppen entstanden vor langer Zeit die ersten simplen Kochrezepte. Über Jahrhunderte hinweg waren sie das Fundament der Alltagsküche. Besonders in Zeiten der Armut war es die Suppe, die, wenn auch oft aus kargen Zutaten (Kartoffeln, Kohl, Mais) hergestellt, die Menschen vor dem Hunger bewahrte. So wurde die flüssige Nahrung nach den großen Kriegen als »Arme-Leute-Essen« abgestempelt und musste sich erst im Laufe der Zeit ihr Image neu aufbauen.

Die Suppe heute

Heute ist die Suppe aus unseren Speiseplänen nicht mehr wegzudenken und in einer nie da gewesenen Vielfalt vertreten. In der kalten Jahreszeit braucht der Mensch nicht nur mehr Energie und Vitamine, sondern auch etwas Balsam für die Seele. Was gibt es Schöneres als eine heiße Suppe, die von innen wärmt.
Suppen lassen sich hervorragend vorbereiten und sind in wenigen Minuten auf dem Tisch. Das mag vielleicht nicht so wichtig für professionelle Köche sein, doch für das Kochen im privaten Rahmen ist es von Bedeutung. Suppen werden auch im Rahmen von **Schonkost** als aufbauende und gesundheitsfördernde Alternative verwendet.

GESUNDHEITLICHE ASPEKTE

Die Suppe ist eine **gesunde, leichte** und **nahrhafte Speise,** die viele Liebhaber kennt. Sie tut dem Magen wohl, wärmt im Winter von innen und stillt den kleinen Hunger.
Auch Suppen unterliegen Lifestyletrends, und so gerieten sie in den letzten Jahren etwas in Vergessenheit. Umso mehr erobern sie mit dem wachsenden Gesundheitstrend wieder die Teller der Küchen und feiern ihr Comeback. Suppen tragen außerdem zum Ausgleich des Flüssigkeitsbedarfs des Körpers bei.

Geflügelbrühe Gemüsebrühe Fleischbrühe Fischbrühe

Suppenarten

Etwas Warmes braucht der Mensch nicht nur im Winter. Eine kräftige Suppe weckt die Lebensgeister und ist mit wechselnder »Zugabe« auch als Abendessen willkommen.

Klare Suppen

Klare Suppen **(Fleischsuppen, Kraftsuppen)** sind Suppen, deren Geschmacksträger und Eiweißstoffe während des Siedens herausgelöst werden. Sie machen die Suppe kräftig und geschmackvoll. Schon ihre Bezeichnung lässt keinen Zweifel offen. Diese Suppen erlauben einen Blick bis auf den Tassen- oder Tellerboden. Ihre Farbe erhalten Sie von **Rindsknochen** und **Rindfleisch,** von **Gemüse** und verschiedenen **Gewürzen.**
Wild-, Geflügel- und **Fischfleisch, Knochen** oder **Gräten** finden ebenfalls Verwendung. Diese Suppen werden meistens mit einer **Einlage** verfeinert, wie Nockerln, Knödel oder Schöberln, Schnitten, oder einer Beigabe wie Blätterteig- und Käsemürbteiggebäck, Kipferln, Tirtlen usw.

Das Kräuter-Gemüse-Bündel geben Sie erst nach ¾ der Garzeit in die Suppe, so kommen die Geschmacks- und Aromastoffe besser zur Geltung.

Gebundene Suppen

Zu den gebundenen Suppen zählen alle Suppen, die Stärke oder stärkeähnliche Produkte wie **Gemüse, Kartoffeln, Getreide** (Buchweizen, Hirse, Gerste, Dinkel) oder **Hülsenfrüchte** (Bohnen, Erbsen, Kichererbsen, Linsen) enthalten und die dadurch mehr oder weniger stark gebunden werden. Eine Anreicherung mit **Sahne, Butter** oder **Eigelb** kann unmittelbar vor dem Servieren erfolgen und verfeinert diese Suppen.

Regionale Suppen

Regionale Suppen sind Suppen, die in einer Region entstanden sind.

Südtirol verfügt über eine große Auswahl an Suppen. Obwohl in den Bergtälern früher alles andere als Wohlstand herrschte, war trotzdem immer genug Essen auf dem Tisch. Das war vor allem darauf zurückzuführen, dass sich die Hausfrauen einiges einfallen ließen.
So entstanden die **Bauerngerstensuppe, Brennsuppe, Brotsuppe, Kastaniensuppe, Kartoffelsuppe, Suppe mit Speck- oder Pressknödeln usw.**

Drachenkopf, Muscheln, frische Kräuter und Gewürze, Tomaten, Peperoncino und Weißwein sind die idealen Zutaten für eine Fischsuppe.

Speckknödelsuppe

Pressknödel in der Fleischsuppe

Besonders die Kartoffelsuppe ist nicht nur beliebt, sondern auch vielseitig zu variieren. Sie lässt sich mit anderen Produkten wie Speck, Selchfleisch, Würsten, Majoran, Schnittlauch, Sahne und Frischkäse verfeinern.

Suppen von Fischen und Schalentieren

Aus Meeresfrüchten lassen sich wunderbare Suppen zubereiten, die man als Hauptgang oder komplette Mahlzeit auf den Tisch bringen kann.
In einer typischen Fischsuppe finden sich mehrere Fischarten, wie **Seeteufel, Brasse, Flussbarsch, Steinbutt, Knurrhahn, Drachenkopf, Scampi, Hummer** usw.

Darüber hinaus werden solche Suppen mit Muscheln **(Mies- und Venusmuscheln** oder **Austern)** verfeinert.

- Da Fisch von zarter Konsistenz ist, erfordern viele Suppen eine behutsame, schrittweise Zubereitung, wobei festfleischiger Fisch zuerst in den Topf kommt und dort zunächst vorgegart wird.
- Um ein Übergaren zu vermeiden, den Fisch nicht vollständig kochen (garen), da er in der heißen Brühe noch weitergart.

Kalte Suppen

Kalte oder gelierte Suppen haben schon lange ihren festen Platz in der Küche, doch das Repertoire an kalten Suppen ist in letzter Zeit sehr viel umfangreicher geworden und umfasst mittlerweile auch **Püreesuppen, Cremesuppen** und **Bouillons.**

- Kalte Suppen sind speziell in der warmen bzw. heißen Jahreszeit eine willkommene Abwechslung.
- Sie werden gut gekühlt oder geeist serviert.

- Zu beachten ist, dass kalte Suppen kräftiger abgeschmeckt werden als warme Suppen.
- Beim Erkalten verändert sich nicht nur die Konsistenz einer Suppe, sondern auch ihr Geschmack.

Kaltschalen/Gemüse- und Fruchtsäfte

Als Alternative zu den kalten Suppen gewinnen heute **Frucht-** und **Gemüsesäfte** aus Karotten, Tomaten, Sellerie, Fenchel, Äpfeln, Birnen, Orangen usw. sowie **Kaltschalen** immer mehr an Bedeutung. Dank ihrer erfrischenden, Appetit anregenden und verdauungsfördernden Wirkung erfreuen sie sich immer größerer Beliebtheit.

Karottensaft · Apfel-Sellerie-Saft · Tomatensaft

TIPP

Bei gekühlten Suppen spielt das Würzen eine entscheidende Rolle. Wurde die Suppe im Voraus zubereitet, schmeckt man sie kurz vor dem Servieren noch einmal ab und fügt gegebenenfalls noch Kräuter, Zitronensaft u. a. hinzu.

Kalte Gemüsesuppen: Gurken, Peperoni, Tomaten, Knoblauch, geeiste Kraftbrühe usw.

Kalte Fruchtsuppen: Melonen, Äpfel, Kirschen, Orangen, Avocados usw.

EIN ERFRISCHENDER GENUSS

Für kalte Suppen, die nicht gekocht, sondern aus frischen Zutaten püriert werden, eignen sich wasserhaltige Gemüse und Früchte wie Melonen, Tomaten, Orangen, Pfirsiche usw. Gurken und Honigmelonen passen gut zusammen und werden mit etwas Chili und Melonenkugeln serviert.

Suppen mit Geschichte

Französische Zwiebelsuppe

Die Zwiebel, ein Tausendsassa in der Küche und schätzungsweise in jedem zweiten Gericht vorkommend, kam in Paris zu ihrem Suppenruhm. Ursprünglich wurde sie in den Markthallen als ebenso preiswerte wie nahrhafte Lösung für all die Arbeiter und Händler ersonnen, die nach ihrer Nachtarbeit etwas Warmes im Magen haben wollten. Irgendwann wurde die Zwiebelsuppe von Pariser Nachtschwärmern als Katerfrühstück und von französischen Bistros als willkommenes Standardgericht entdeckt.
Die Zwiebelsuppe ist als Vorspeise oder als Zwischenmahlzeit beliebt. Wer es klassisch und stilecht mag, nimmt das passende Porzellan und serviert die Zwiebelsuppe in der sogenannten Löwenkopftasse *(Tête de Lion)* mit Baguettescheiben, die mit Parmesan überbacken sind.

Ungarische Gulaschsuppe

Sie ist deftig, kräftig, nahrhaft und in der kalten Jahreszeit ideal zum Aufwärmen. Das traditionell im Kupferkessel gegarte Gericht kommt ursprünglich aus Ungarn, heißt dort Pörkölt und kann, je nach Geschmack, in der Schärfe variieren. Wer es gern besonders feurig mag, nimmt zum Würzen etwas Chilipulver.

Erbseneintopf

Herbstzeit ist Eintopfzeit. Zu den beliebtesten Eintöpfen gehört der Erbseneintopf. Am besten schmeckt er mit Kartoffeln, Speck und Würstchen. Die Erbsen kommen jedoch nicht aus der Dose; bei einem warmen Erbseneintopf werden die Hülsenfrüchte mindestens zwölf Stunden lang in kaltem Wasser eingeweicht.

Linseneintopf

Gerade in der kalten Jahreszeit geht nichts über einen deftigen Eintopf. Die nahrhaften Hülsenfrüchte, das Gemüse und die würzige Wurst kochen Sie bequem in einem Topf, und heraus kommt ein Gericht, das Erinnerungen an Großmutters Zeiten wach werden lässt. Der Geschmack: typisch erdig mit dezent saurer Note.
Die Suppe ist auch für **Vegetarier** eine wertvolle Suppe. Lassen Sie einfach Speck und Wurst weg.

[1] Rote Linsen
[2] Gelbe Linsen
[3] Graue Berglinsen

Minestrone

Für eine Bohnensuppe verwenden Sie braune Borlotti-Bohnen oder weiße kleine Cannellini-Bohnen; verfeinern Sie die Suppe mit einigen Tropfen kalt gepresstem Olivenöl.

Minestrone heißt so viel wie »dicke Suppe«. In der Tat ist dieses typisch italienische Gericht zwar leicht, aber besonders gehaltvoll. In der klassischen norditalienischen Variante besteht der Gemüseeintopf aus verschiedenen Sorten Gemüse. Das kräftige Aroma geben Zwiebel, Knoblauch und vor allem die abschließende Zugabe von Parmesan. Damit die Suppe auch satt macht, werden je nach Region **Reis, Nudeln** oder **Weißbrot** dazugegeben. Besonders gut: Das Weißbrot vorher in Scheiben schneiden und in der Pfanne mit Olivenöl oder Butter rösten. Die Minestrone schmeckt (den Italienern) **heiß, lauwarm** oder **kalt** – und sogar **aufgewärmt.**

Gazpacho

Gazpacho (gesprochen: Gasspatscho) ist eine kalte Suppe aus rohem Gemüse. Sie ist wohl das bekannteste Gericht der **andalusischen Küche** (Spanien). Im Sommer ist die aromatische Suppe sehr beliebt, denn sie ist leicht, vitaminreich und belastet den Körper nicht so sehr wie warme Gerichte.

Das Beste daran: Gazpacho wird nicht gekocht und ist daher schnell und einfach zubereitet. Das Gemüse wird nur püriert und dann kaltgestellt.

Winterzeit ist Suppenzeit

Suppen sind die idealen kulinarischen Begleiter durch die kalte Jahreszeit. Sie wärmen von innen, sättigen, sind schmackhaft und gesund. Darüber hinaus spenden sie **Energie** und versorgen uns mit wichtigen **Vitaminen.** Egal ob als Vorspeise, Hauptgang oder kleiner Snack zwischendurch, ob aus Fleisch, Fisch oder Gemüse zubereitet, scharf oder mild gewürzt, klar oder gebunden: Mit den unzähligen Suppenvariationen und unseren neuen Rezeptideen kommen Sie fit durch den Winter. Die wichtigsten Grundbestandteile für diese Suppen sind die nährstoffreichen, oft fast vergessenen **Wurzeln** und **Knollen.**

Knollensellerie

Geschmack: Das weiße Fruchtfleisch der faustgroßen, bräunlichen Knolle schmeckt würzig und leicht süßlich.
Zubereitung: Knollensellerie ist ein Suppengrün-Klassiker in Eintöpfen und schmeckt sowohl roh als auch gekocht.

Petersilienwurzel

Geschmack: Die längliche, helle Wurzel ist im Geschmack würzig-herb und ein wenig scharf.
Zubereitung: Als Suppengrün macht sie sich besonders gut. Sie kann aber auch als Cremesuppe genossen werden.

Topinambur

Geschmack: Das Fruchtfleisch der kleinen exotischen Kartoffel/Erdbirne erinnert mit seinem aromatischen, leicht süßlichen Geschmack an eine Artischocke.

[1] Knollensellerie [2] Petersilienwurzel [3] Pastinake [4] Rohnen (Rote Bete) [5] Schwarzwurzel [6] Topinambur

Zubereitung: Die Knolle muss nicht unbedingt geschält werden; es genügt, sie unter fließendem Wasser ordentlich abzubürsten. Anschließend kann die Topinambur zu Suppe verkocht werden. Weil sie faserfrei verkocht, ist sie gut für Cremesuppen und Pürees zu verwenden. Man kann aber auch Chips als Suppeneinlage herstellen.

Pastinake

Geschmack: Sie ist eine nahe Verwandte der Petersilienwurzel und sieht ihr sehr ähnlich. Ihr Geschmack ähnelt dem der Karotte, diese ist aber viel süßer.
Verwendung: Schmeckt als cremige Suppe, aber auch als Püree.

Rohnen (Rote Bete)

Geschmack: Das saftige, tiefrote Fruchtfleisch der Knolle hat einen aromatischen, leicht erdigen Geschmack.
Zubereitung: Die rote Knolle schmeckt püriert als Suppe, gekocht und geraspelt als Salat. Erst nach dem Kochen schälen, sonst blutet sie aus.

Schwarzwurzel

Geschmack: Die auch als »Winterspargel« bekannte Wurzel schmeckt süßlich und leicht nussig.
Verwendung: Schwarzwurzel in Wasser gekocht (wie Spargel), aber auch in der Pfanne gebraten, frittiert und selbstverständlich als Suppe findet sie ihre Verwendung. Achtung: Beim Zubereiten besser Handschuhe tragen. Der milchige Saft aus der Wurzel färbt ab.

Steckrübe

Geschmack: Die bis zu zwei Kilogramm schwere Rübe hat ein gelbliches Fruchtfleisch, das gleichzeitig würzig und angenehm süß schmeckt.
Verwendung: Die Steckrübe macht sich gut als Suppe oder Eintopf. Wählen Sie kleine Exemplare mit einer glatten Schale; größere Rüben sind oft holzig.

Mit Kräutern und Gewürzen verfeinern

Kräuter mitkochen?

- **Mitkochen** können Sie Bohnenkraut, Estragon, Kerbel, Majoran, Lavendel, Liebstöckel (Maggikraut), Origano, Thymian, Rosmarin und Salbei.
- **Einige Minuten mitkochen:** Dill, Petersilie, Zitronenmelisse, Kerbel, Garten- und Brunnenkresse, Sauerampfer. Brennnesseln können Sie zum Schluss in der heißen Suppe ein paar Minuten kochen, besser nur noch ziehen lassen.
- **Lieber nicht mitkochen:** Basilikum, Borretsch, Minze, Schnittlauch. Sie verlieren durch die Hitze ihre schöne grüne Farbe. Außerdem leidet beim Mitkochen auch das Aroma. Deshalb die Kräuter möglichst zum Schluss in die Suppe geben oder nur geschnitten einstreuen.

Häufig gibt man ein **»Bouquet garni«** (Kräutersträußchen) bei. Es gibt sein Aroma an die mit Gewürzen angereicherte Suppe ab. So entsteht ein konzentrierter Geschmack, der Suppen, Eintöpfe und Saucen besonders fein würzt. Ein *Bouquet garni* besteht meist aus Lauch, Lorbeer, Petersilie und Thymian, die zu einem Strauß zusammengebunden werden.

Suppen servieren

- Im Idealfall sollte die Art der Suppenschüssel auf den Charakter der Suppe abgestimmt sein z. B. Tasse, Teller, Keramikschüssel usw.
- Garnierung kann einiges bewirken. Ein Löffel Schlagsahne, darüber gestreute Kräuter oder einzelne kleine Zutaten wie eine Garnele (Spieß) geben dem Ganzen zusätzlich Farbe und Geschmack.
- Heiße Suppe sollte wirklich heiß aufgetragen werden und kalte Suppe tatsächlich kalt sein, wenngleich durch übermäßiges Erhitzen oder Kühlen das Aroma leiden kann.

SUPPEN-AUFBEWAHRUNG

Suppen immer richtig abkühlen lassen (auf Eis oder im kalten Wasser), bevor sie in den Kühl- oder Gefrierschrank kommen. Sonst bildet sich Kondenswasser in den Kühlgeräten, und die Kühltemperatur steigt.

Einlagen und Beilagen für Suppen

Unter Suppeneinlagen versteht man alle sättigenden Beigaben zu klaren Brühen, aber auch zu leicht gebundenen Suppen. Das können auch Fleisch, Fisch, Gemüse, Reis, Nudeln, Brotwürfel usw. sein – immer in mundgerecht geschnittenen Stücken. Die Einlage sollte nur so groß sein, dass sie zusammen mit der Brühe auf den Löffel passt.

Croûtons

Die einfachste und häufigste Suppeneinlage stellen die Croûtons dar. Richtig zubereitet, sind die gerösteten Brotwürfel eine Bereicherung für die verschiedensten Suppen: Weißbrot, Vollkorn-Schwarzbrot oder Toastbrot in kleine Würfel schneiden. Die Butter in einer Pfanne erhitzen, die Brotwürfel dazugeben und mit einem Kochlöffel vorsichtig rühren, bis sie goldbraun sind. Die gerösteten Brotwürfel auf ein Küchenkrepp geben, damit das überschüssige Fett aufgesaugt wird. Verwendung finden die Brotwürfel in heißen und kalten Suppen, auf Salaten oder bei vegetarischen Gerichten.

Röstbrot

Eine andere Möglichkeit sind Röstbrote, also in Scheiben geschnittene Baguettes. Mit einer Knoblauchzehe oder Knoblauchöl eingerieben und eventuell mit Tomatenwürfeln bestreut, passen sie hervorragend zu Fischsuppen.

[1] Tirtlen, [2] Käsestangen oder [3] Kipferln reichen Sie als Beilage zu den Suppen.

Kleingebäck

Kleingebäck wie etwa **Käsestangen** kann man getrennt reichen.
Kleine **Brandteigkrapfen** (Profiteroles), **Schöberl, Milzschnitten, Frittaten** kommen erst unmittelbar vor dem Servieren in die Suppe, damit sie knusprig bleiben. Ihr Aroma muss zur Brühe passen und darf deren Eigengeschmack nicht überlagern.

TIPP

Zur Ergänzung können Sie vor dem Servieren fein geschnittene **Küchenkräuter** (Schnittlauch, Petersilie, Kerbel, Basilikum) einstreuen.

Zucchini-Chips

Einen Zucchino mit etwa 4 cm Durchmesser putzen, waschen und in etwa 2 mm **dünne Scheiben** schneiden. Diese in 180 Grad heißem Pflanzenfett in der Fritteuse oder in einem Topf schwimmend knusprig frittieren. Mit einem Schaumlöffel herausnehmen, auf Küchenkrepp abtropfen lassen und leicht salzen.

Frittierte Kartoffelwürfel

Kartoffel schälen und in etwa 5 mm große Würfelchen schneiden. 10 Minuten in kaltes Wasser legen (zum Ausschwemmen der Stärke), damit sie beim Braten gleichmäßig braun werden. Im Sieb abtropfen lassen und auf Küchenkrepp gründlich abtrocknen. In Butterschmalz oder Fett frittieren und zuletzt mit Salz würzen.

SUPPENEINLAGEN

Um eine Brühe auf die Schnelle in eine sättigende Hauptmahlzeit zu verwandeln, ist fast jede erdenkliche Einlage willkommen.
Klassische Einlagen: Frittaten (Flädle, Pfannkuchenstreifen), Backerbsen, Eierstich, Leberknödel, Grießnocken, Schöberl
Gemüse: Gemüsestreifen (Julienne), Gemüsewürfel (Brunoise)
Pasta: Engelhaar (Suppennudeln), Maccheroncini, Tortellini, Ravioli, Teigtaschen
Reis

Grundlage der Suppen: Bouillon, Consommé, Essenz

Das französische Wort »fond« heißt übersetzt Basis. Ein guter Fond (Brühe) ist die beste Grundlage für eine Suppe. Fleisch, Fisch, Wild, Geflügel, Gemüse, Gräten, Knochen und Wein sollten bei der Herstellung von bester Qualität sein.

Brühe/Bouillon

Brühe und Bouillon sind dasselbe, einmal auf Deutsch, einmal auf Französisch, und

Mit verschiedenen Zutaten wie Gemüse, Speck, Suppennudeln und einer kräftigen Suppe zaubern Sie im Nu eine köstliche Mahlzeit.

bezeichnen eine Suppe aus Wasser und den Aromen der darin gekochten Knochen, Fleischstücke, Gemüse, Kräuter und Gewürze.

TIPP

Rindsknochen setzt man in **kaltem Wasser** auf, kocht sie bis zu 2 Stunden und mehr. Den entstehenden Schaum schöpft man ab. **Suppengemüse** gibt man erst gegen Mitte oder Ende der Kochzeit zu. Die Brühe durch ein Sieb abgießen. Sie ist die Grundlage für die Consommé.

Grießnockensuppe

BLANCHIEREN / ÜBERBRÜHEN

Wenn Knochen oder Beinfleisch nicht blanchiert werden, bleibt das ganze Fett, das an und in den Knochen ist, in der Brühe, die dann fett und unter Umständen auch trüb wird. Deshalb erst **blanchieren,** dann **heiß abspülen** (damit das restliche Fett herunter geht) und zum Schluss **kalt abspülen.**

Consommé/Kraftbrühe

Als Consommé bezeichnet man eine klare **Rinderkraftsuppe.** Sie entsteht, wenn eine Suppe mit magerem, grob faschiertem Rindfleisch (proteinreiche Fleischstücke wie Wade) und Eiweiß gekocht wird. Das Verhältnis zwischen Fleisch und Brühe beträgt etwa eins zu fünf. Durch das Aufkochen des geschlagenen Eiweißes werden die Schwebstoffe gebunden, die die Consommé trüben würden, und sie wird so vollkommen klar.

TIPPS	
Fett von Brühen entfernen	Schnelle Variante: Ziehen Sie etwas Küchenkrepp über die Brühe – es saugt das Fett auf. *Alternativ:* Sie stellen den Topf in den Kühlschrank, dadurch wird das Fett fester und lässt sich leichter abschöpfen.
Brühen einfrieren	Will man Brühen einfrieren, sollten sie vorher entfettet werden. Zum Portionieren eignen sich kleine Gefäße, z.B. Eiswürfelbehälter.
Brühen abkühlen	Beim Abkühlen gibt es einen kleinen Trick: Stellt man den Topf mit der Brühe in eine Schale mit Eiswürfeln, wird die Flüssigkeit so schnell kalt, dass sich keine Bakterien ausbreiten können.
Nicht salzen	Die Flüssigkeit zu Beginn nur sparsam oder gar nicht salzen, da Wasser während des Kochens verdampft und die Brühe zu salzig werden kann. Deshalb Brühen erst am Schluss mit Salz würzen.
Bei milder Hitze sieden	Die Brühe bei milder Hitze offen, also ohne Deckel, kochen. Nicht sprudelnd kochen lassen. Dadurch wird sie trüb.
Fleischsuppen von Trübstoffen klären	Trübstoffe, die sich durch das Gerinnen von Eiweiß aus Fleisch, Geflügel und Fisch bilden, werden mit einem Schöpfer vorsichtig und immer wieder von der Oberfläche geschöpft, bis sie komplett entfernt sind. Das gilt auch für austretendes Fett.

Consommé double (doppelte Kraftsuppe)

Für eine Consommé double verwendet man die **doppelte Menge Fleisch** zum Klären.
Zur geschmacklichen Vollendung kann man kurz vor dem Servieren Madeira, Portwein oder Sherry hinzufügen.

Essenz

Eine Essenz ist die **konzentrierteste Form der wasserlöslichen Aromen** von Fleisch, Fisch und Gemüse. Sie entsteht aus einem Fond, der auf die halbe Menge eingekocht wurde. Oft findet man auf den Speisekarten z. B. Tomatenessenz, Wachtelessenz, Wildessenz, Hummeressenz.

Suppenfleisch

Als Suppenfleisch eignen sich durchwachsene Stücke mit Knochenanteil besonders gut.
Suppenfleisch ist **immer Rindfleisch.** Es gibt vier bis fünf verschiedene Stücke – **Beinscheiben, Ochsenschwanz, Rinderbrust, Querrippe** usw. –, die als Basis für Brühen und Suppen verwendet werden. Sie unterscheiden sich im Anteil an Fleisch, Fett und Knochen. Viel Fleisch gibt einen sehr aromatischen Geschmack.
Viele Sehnen und Knorpel im Fleisch machen die Suppe leicht leimig oder klebrig und lassen sie trüb werden, sorgen aber auch für ein Gelieren der kalten Suppe.

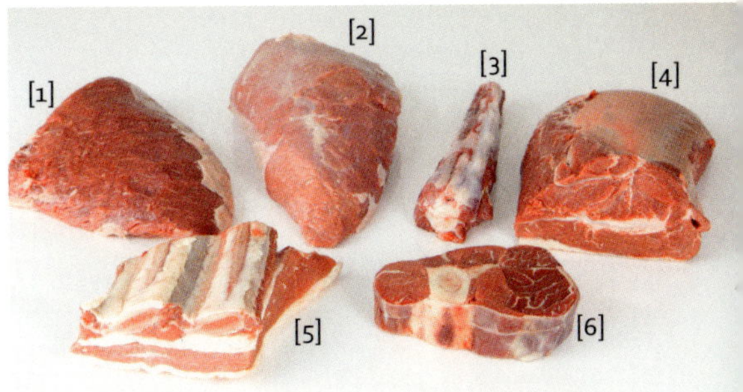

[1] Tafelspitz [2] Falsches Filet [3] Ochsenschwanz [4] Schulternahtl [5] Beinfleisch [6] Beinscheibe

Beinscheibe

Das sind etwa 4–5 cm dicke Scheiben aus der Haxe (Stelze) des Rindes, immer mit einem Stück Knochen in der Mitte, meist einem runden Markknochen. Das Fleisch ist saftig, aber von Fett und Sehnen durchwachsen.

Ochsenschwanz (Ochsenschlepp)

Ochsenschwanz wird meist in etwa 5 cm dicken, länglichen Stücken angeboten, der Anteil an Knochen und Sehnen ist hoch. Die unteren Stücke sind recht mager, die dickeren Stücke oben haben einen höheren Fettanteil.
Die Brühe schmeckt sehr aromatisch, ist aber eher trüb. Das Fleisch sitzt sehr fest, ist von vielen Sehnen und Knorpeln durchzogen und muss mühsam abgelöst werden.

Rinderbrust/Beinfleisch

Die Rinderbrust besteht etwa zur Hälfte aus Knochen/Fett und Fleisch. Die Brühe ist klar und mäßig aromatisch, vergleichbar mit der Brühe aus der Beinscheibe.

KÜCHENHILFEN

Kraftsuppe verfeinern

Hier geht es um die Königin der Suppen, die sogenannte Consommé, eine besonders konzentrierte, klare Suppe. Der kräftigen Consommé kann man durch Zugabe von **Sherry, Cognac, Brandy, Portwein** oder **Madeira** eine besonders feine Note verleihen. Der leicht flüchtige Alkohol soll allerdings erst knapp vor dem Servieren in die Suppe gegeben werden.

Wie kann ich eine angebrannte Suppe noch retten?

Das Wichtigste ist, die angebrannte Suppe **nicht umzurühren.** Denn sonst lösen sich die angebrannten Stellen und verteilen sich in der Suppe. Die angebrannte Suppe muss man in einen **anderen Topf** umfüllen und dabei unbedingt aufpassen, dass sich der Bodensatz nicht löst. Versuchen Sie, den angebrannten Geschmack mit etwas **Sahne, Butter, Weißwein** oder **Zitronensaft** zu neutralisieren.

Suppe schnell auskühlen

Rasch und gleichmäßig kühlt die heiße Suppe aus, wenn man den Topf **schräg auf einen Kochlöffel** stellt.

Suppe auf Vorrat

Suppen kann man gut auf Vorrat zubereiten. Zum **kurzfristigen Aufbewahren** im Kühlschrank müssen Sie die ausgekühlte Suppe in gut verschließbare Gläser (Weckgläser, Plastikbehälter) füllen. Für **längeres Aufbewahren** und für eine größere Menge Suppe empfiehlt sich das Einfrieren. Sie sollten die Suppen vor dem Abfüllen nochmals aufkochen, dabei werden eventuell vorhandene Keime abgetötet.

Die Fleischsuppe ist trüb!

Sollte Ihre Suppe einmal nicht gelingen und trüb sein, so können Sie sie **leicht salzen** und langsam kocheln lassen. Salz hilft, die Suppe etwas zu klären.

Suppe entfetten

Die **Fettaugen** auf der Suppe **erstarren,** wenn diese kalt wird. Dann lassen sie sich ganz einfach mit einem Löffel abschöpfen.

Suppe abseihen

Am besten eignet sich ein **Tuch** mit feiner Struktur (Leinen). Dabei wird zuerst ein **Sieb** auf einen Topf gegeben und dann das Tuch darübergelegt und die Suppe durchgeseiht.

Die klare Suppe hat zu wenig Farbe

Angebratene Zwiebelhälften geben der Suppe eine schöne Farbe und einen intensiven Geschmack.

Das gekochte Fleisch kann man wie einen Tafelspitz, z. B. mit Krensauce, servieren.

Siedefleisch für Suppen

Wenn sie eine Fleischsuppe kochen und das Fleisch für ein weiteres Gericht verwenden wollen, dann empfiehlt es sich, Teile der **Schulter** (Schulternahtl, Falsches Filet, Hohe Schulter) oder vom **Schlegel** (Keule) den Tafelspitz zu verwenden, z. B. für gemischt Gekochtes, Rindfleischsalat, Bauerngröstel oder Tafelspitzsülze.

Suppen binden

Bindemittel verändern die Konsistenz von Suppen, weil sie Wasser aufnehmen. Sie verstärken aber auch das Aroma. Stärke bindet Wasser und quillt auf; das gilt für die Bindung mit **Speisestärke, Kartoffeln** oder mit **Brot.**
Der gleiche Vorgang stellt sich bei der Bindung durch Proteine ein; sie quellen auf und binden Wasser, allerdings nur bei einer Temperatur bis 80 Grad. Bei zu hoher Temperatur gerinnen sie und die Bindung ist verloren.

Butter

Butter bindet eine Suppe durch ihren **hohen Fettgehalt.** Sie wird nur kurz vor dem Servieren mittels Schneebesen oder Mixer eingerührt, dabei entsteht eine Emulsion aus Wasser und Fett. Butter bindet Suppen nicht nur, sie rundet auch geschmacklich ab.

Sahne

Sahne, Mascarpone, Sauerrahm, Crème fraîche: Sie alle enthalten reichlich Fett, das beim Einkochen die Suppe bindet. Je höher der Fettgehalt, desto besser und schneller bindet die Suppe. Suppen mit gesäuerten Milchprodukten, wie z. B. Sauerrahm oder Crème fraîche, sollte man nicht zu lange einkochen; sie könnten sonst ausflocken.

Speisestärke

Speisestärke aus **Weizen, Kartoffeln, Mais** und **Reis:** Diese Art der Bindung eignet sich besonders bei Suppen, die kurz vor dem Servieren noch nicht die gewünschte Konsistenz haben und so auf schnelle, unkomplizierte Weise angedickt werden. Dafür wird Speisestärke mit etwas kalter Flüssigkeit angerührt und mit einem Schneebesen in die kochend heiße Suppe gerührt. Die Suppe muss auf jeden Fall stark aufwallen, damit die Bindung entstehen kann.

Ei

Auch bei Suppen, die kurz vor dem Servieren mit Eigelb und Sahne legiert werden (Liaison), entsteht durch das **Stocken** des Eigelbs eine Bindung. Bei diesem Bindeverfahren muss darauf geachtet werden, dass das Eigelb nicht höher als auf 80 Grad Celsius erhitzt wird. Sonst gerinnen die Eiweißproteine, das Eigelb flockt aus, und die Bindung geht wieder verloren.

Zutaten zum Binden von Suppen: [1] Speisestärke [2] Sahne [3] Kartoffeln [4] Parmesan [5] Brotbrösel [6] Eigelb [7] kalte Butter

Kartoffel

Rustikale Suppen bindet eine **frisch geriebene Kartoffel,** die hinzugefügt und mit der Flüssigkeit verkocht wird.

Brotbrösel

Einige Suppen, meist **Cremesuppen,** werden durch Brotbrösel gebunden.

REDUZIEREN

Viele Suppen bekommen durch das **Einkochen** (Reduzieren) eine schöne Konsistenz und einen intensiven Geschmack.
Suppen werden in einem nicht abgedeckten Topf bei starker Hitze eingekocht. Dabei verdampft ein Teil der Flüssigkeit, sodass das Aroma konzentriert wird.

TIPPS	
Cayenne (Pfeffer)	Am besten immer nach dem Garen in die Suppe geben, da der Pfeffer (Chilipulver) der Suppe sonst ein bitteres Aroma verleiht.
Einweichen/ quellen lassen	Trockene Nahrungsmittel wie Linsen, Bohnen und Erbsen einige Zeit – am besten über Nacht – in kaltes Wasser legen, damit sie weich werden.
Gemüsesud	Fällt beim Kochen von Blumenkohl, Kohlrabi und Spargel an. Sie können ihn zur Zubereitung von Suppen verwenden.
Klare Suppen	Bleiben klar, wenn sie nur leicht kochen. Aufsteigender Schaum muss abgeschöpft werden.
Knoblauch	Sollte nie stark angebraten werden, da er sonst bitter wird und dadurch auch das Aroma der Speisen beeinträchtigen kann.
Köcheln	Bei schwacher Hitze leicht kochen lassen; am Siedepunkt sanft sprudelnd garen.
Kümmel	Macht schwer verdauliche Suppen bekömmlicher.
Peperoni	Sind leicht verdaulich, wenn man die Haut mit einem Sparschäler dünn schält.
Peperoncino (Chilischote)	Immer nur vorsichtig dosieren, denn die Schärfe breitet sich nur langsam aus. Peperoncino verleiht den Suppen ein besonders scharfes Aroma, wenn man die Trennwände und Kerne nicht entfernt.
Parmesan	Parmesan kauft man am besten am Stück und lagert ihn im Kühlschrank. Frisch gerieben entfaltet er dann sein ganzes Aroma.
Suppen	Werden sämiger, wenn man die Gemüseeinlage, eventuell auch nur einen Teil davon, püriert.
Zwiebeln/ Schalotten	Sollten Sie immer mit einem scharfen Küchenmesser schneiden. So werden die Zellen nicht gequetscht und weniger ätherische Öle freigesetzt, die die Augen reizen.

Wildkräuter/Wildgemüse

Im Sommer ist die Auswahl an essbaren Wildkräutern sehr groß. Bisher als Unkräuter geschmähte und nicht beachtete Gräser und Blumen sind uns heute als leckere Wildkräuter bekannt. Wenn Sie kein Experte sind und bisher nur Kräuter auf dem Markt gekauft haben, kann Ihnen dieser Teil im Buch neue Perspektiven öffnen, damit neben schmackhaften Gänseblümchen auch andere Wildkräuter in Ihrer Küche Verwendung finden. Das Aroma ist vielleicht am Anfang ungewohnt »wild«, aber probieren Sie es aus: eine Handvoll »Wiesenkraft« in Ihrer Suppe.

Brennnessel

Die zarten jungen Triebe brennen nicht so, wenn man fest am Stängel zupackt (eventuell mit Handschuhen). Dabei werden die Brennhärchen zerquetscht und dringen nicht in die Haut ein.

Löwenzahn

Die jungen, nur leicht bitter schmeckenden Blätter können als Suppe oder Salat verarbeitet werden. Die gelben Blüten eignen sich zur Herstellung eines honigähnlichen Sirups oder Gelees als Brotaufstrich.

Sauerampfer

Man kann Sauerampfer ähnlich wie Spinat zubereiten bzw. ihn mit diesem mischen. Auch als cremige Suppe oder Salat wird er verwendet.

Guter Heinrich

Die noch nicht blühenden jungen Pflanzen werden wie Spinat als Gemüse oder für Suppen verwendet.

Huflattichblätter

Aus den fleischigen Blättern können Suppen, Saucen und Salate zubereitet werden.

Wilder Mangold

Die frischen Blätter sind Bestandteile von Gemüsebrühe, Mischsalat oder werden wie Spinat zubereitet.

Bärlauch

Die Pflanze ist zwar komplett essbar, genutzt werden aber vorwiegend die frischen Blätter für Suppen, als Gewürz oder Gemüse in der Frühjahrsküche

Gänseblümchen

Am besten schmecken die jungen Blättchen aus dem Inneren der Rosette. Auch die Blüten sind essbar. Als Salat oder für Suppen geeignet.

Suppen und Wein

Welcher Wein passt zu welcher Suppe? Bis heute hält sich mitunter das Vorurteil, dass Suppen und Wein nicht zusammenpassen. Diese Meinung gründet wohl vornehmlich auf der Annahme, dass zu einer flüssigen Speise nicht auch noch etwas getrunken werden muss. Dabei kann der passende Wein zur Suppe vielfältige Geschmackserlebnisse bieten.
Wichtig ist, dass beide Speisen miteinander harmonieren. Zu einer klaren Suppe passt beispielsweise ein **Sherry.** Helle und cremige Suppen lassen sich gut von einem **Weißburgunder, Chardonnay** oder **Sauvignon** begleiten. Zu deftigen Suppen und Eintöpfen kann auch ein **St. Magdalener, Blauburgunder** oder sogar ein würziger **Syrah** serviert werden. Als grobe Faustregel gilt: Je heller und zarter die Suppe, desto heller und leichter der Wein.

Erstklassige blaue Traube, Basis für einen edlen Rotwein

Kürbissuppe mit Zwiebeln und Speck

Für 4 Personen

Zutaten

300 g	Speisekürbis (200 g geputzt)
20 g	Lauch
20 g	Karotten
30 g	Butter
	Salz
	Pfeffer aus der Mühle
1 l	Gemüsebrühe (siehe Seite 83) oder Wasser
1	Knoblauchzehe, geschält
1 TL	Thymian
1	Eigelb
50 ml	Sahne

Weiteres

4 EL	geschlagene Sahne zum Garnieren
40 g	Speck, in Streifen geschnitten und geröstet, zum Garnieren
20 g	Zwiebeln, in Streifen geschnitten, zum Garnieren
	Kerbel zum Garnieren
	Kürbiskernöl

etwa 30 Minuten

Zubereitung

- Speisekürbis mit einem Messer schälen und 1/3 vom Kürbis in kleine Würfel schneiden, weich kochen und für die Einlage bereitstellen.
- Lauch putzen, Karotten schälen, beides in Würfel schneiden und in Butter dünsten.
- Restlichen Kürbis in grobe Würfel schneiden, dazugeben und mitdünsten, mit Salz und Pfeffer würzen.
- Gemüsebrühe aufgießen, kochen, bis das Gemüse weich ist.
- Suppe im Mixer mit rohem Knoblauch und Thymian pürieren.
- Vor dem Servieren Eigelb und Sahne verrühren, in die Suppe einrühren und nicht mehr kochen lassen.
- Suppe mit Kürbiswürfeln, Schlagsahne, gerösteten Speck- und Zwiebelstreifen sowie Kerbel garnieren.
- Mit Kürbiskernöl verfeinern und servieren.

VARIATION

Kürbissuppe mit Amaretti: Anstelle des Specks und der Zwiebeln geben Sie 80 g zerbröselte Amarettikekse in die Suppe.

TIPP

Sie können die Suppe auch servieren ohne sie zu pürieren.

Kartoffel-Wirsingsuppe mit Selchfleisch

FÜR 4 PERSONEN

Zutaten

250 g	mehlige Kartoffeln
200 g	Wirsing
30 g	Butter
40 g	Zwiebeln, in feine Würfel geschnitten
30 g	Stangensellerie, in feine Würfel geschnitten
1 l	Wasser
300 g	gekochtes Selchfleisch, gewürfelt
	Salz
	weißer Pfeffer aus der Mühle
100 ml	Sahne
1 TL	Majoran

Weiteres

50 g	gekochte Wirsingblättchen zum Garnieren
2 EL	Selchfleischwürfel zum Garnieren
1 EL	Schnittlauch, fein geschnitten

etwa 30 Minuten

Zubereitung

- Kartoffeln schälen, waschen und in Würfel schneiden.
- Wirsingblätter in 1 cm große Blättchen schneiden.
- Butter in einem Topf erhitzen, Zwiebelwürfel darin dünsten, Stangensellerie und Wirsing hinzufügen und kurz mitdünsten.
- Dann Kartoffeln dazugeben und mit Wasser aufgießen.
- Selchfleisch dazugeben und mit Salz und Pfeffer würzen.
- Die Suppe kochen lassen, mit Sahne verfeinern und zum Schluss mit Majoran abschmecken.
- Die Kartoffelsuppe mit gekochten Wirsingblättchen und Selchfleischwürfeln garnieren und mit Schnittlauch servieren.

VARIATION

Topinambursuppe: Anstelle der Kartoffeln geben Sie Topinambur in die Suppe und den Wirsing ersetzen Sie durch Lauch.

TIPPS

1. *Als Einlage eignen sich gekochtes und in Streifen geschnittenes Rindfleisch, Speckstreifen oder klein geschnittene Kaminwurzen, Gartenkresse, Wasserkresse, in Butter gedünstete Steinpilze, geröstete Schwarz- oder Weißbrotwürfel.*
2. *Alternative: Die Kartoffeln und das Gemüse in der Suppe weich kochen, pürieren oder mixen und mit Sahne verfeinern.*
3. *Eine andere Note erhält die Kartoffelsuppe mit frischem gehobeltem Trüffel und geschlagener Sahne.*

Schwarzwurzelsuppe

Für 4 Personen

Zutaten

250 g	Schwarzwurzeln
30 g	Stangensellerie
40 g	Lauch
30 g	Butter
40 g	Zwiebeln, in kleine Würfel geschnitten
1 l	Fleischsuppe (siehe Seite 83) oder Wasser
	Salz
	weißer Pfeffer aus der Mühle
120 ml	Sahne
1 TL	Majoran

Weiteres

4	hauchdünne Schwarzwurzelscheiben, längs geschnitten
	Gartenkresse zum Garnieren

etwa 20 Minuten

Zubereitung

- Schwarzwurzeln schälen, waschen und in mittelgroße Würfel schneiden.
- Stangensellerie putzen, die Blätter abzupfen und die Stangen in kleinere Würfel schneiden.
- Lauch ebenfalls putzen, halbieren, waschen und in Stücke schneiden.
- Butter in einem Topf erhitzen, die Zwiebelwürfel darin dünsten, Stangensellerie und Lauch hinzufügen und kurz mitdünsten.
- Schwarzwurzeln dazugeben, mit Fleischsuppe aufgießen und mit Salz und Pfeffer würzen.
- Die Suppe kochen lassen, mit Sahne verfeinern und mit Majoran abschmecken.
- Mit Schwarzwurzelscheiben und Gartenkresse garnieren und servieren.

VARIATION

Petersilienwurzelsuppe mit Lachs: Anstelle der Schwarzwurzeln geben Sie Petersilienwurzeln in die Suppe. Servieren Sie die Suppe mit dünnen rohen Lachs- und Petersilienwurzelscheiben anstelle der Schwarzwurzelscheiben.

TIPP

Als Einlage und Beigabe für diese Suppe eignen sich:

1. *in Butter geröstete Weißbrotwürfel*
2. *Streifen von Frisch- oder Räucherlachs*
3. *Gartenkresse, Wasserkresse, in Butter gedünstete Steinpilze*
4. *Sesamstangen zur Suppe reichen*

Spargelcremesuppe

Für 4 Personen

Zutaten

350 g	weißer Spargel (Bruchspargel)
40 g	Butter
1	Zwiebel, fein geschnitten
½	Knoblauchzehe, fein geschnitten
20 g	Mehl
80 ml	Weißwein
1 l	Spargelsud (in Wasser ausgekochte Spargelschalen) oder Wasser
250 ml	Sahne
2 EL	kalte Butter
1 Spritzer	Zitronensaft
	Salz
	weißer Pfeffer aus der Mühle

Weiteres

gekochte Spargelspitzen zum Garnieren

Schnittlauch, fein geschnitten, zum Garnieren

etwa 18 Minuten

Zubereitung

- Spargel waschen, schälen, die Enden abschneiden und in kleine Stücke schneiden.
- Butter in einem passenden Topf schmelzen lassen, fein geschnittene Zwiebelwürfel und Knoblauch glasig dünsten.
- Spargel dazugeben, kurz mitdünsten, Mehl unterrühren, Weißwein und Spargelsud dazugießen und etwa 15 Minuten kochen lassen.
- Sahne dazugeben und weitere 5 Minuten kochen lassen.
- Mit kalter Butter pürieren, durch ein Sieb passieren.
- Mit Zitronensaft, Salz und Pfeffer abschmecken.
- Mit Spargelspitzen und Schnittlauch garnieren und servieren.

VARIATIONEN

Rohnensuppe mit Ingwer: Geben Sie anstelle des Spargels Rohnen in die Suppe. Gießen Sie mit Wasser oder Gemüsebrühe auf und verfeinern Sie die Suppe mit 1 Teelöffel frisch geriebenem Ingwer.

Maiscremesuppe: Verwenden Sie anstelle des Spargels Maiskörner für die Suppe. Gießen Sie mit Wasser oder Gemüsebrühe auf und verfeinern Sie die Suppe mit 1 Teelöffel Whisky.

Zucchinicremesuppe: Ersetzen Sie den Spargel durch Zucchini. Gießen Sie mit Wasser oder Gemüsebrühe auf und verfeinern Sie die Suppe mit 1 Teelöffel frisch geschnittenem Origano.

TIPPS

1. *Mit geschlagener Sahne und Knoblauchtoast servieren.*
2. *Kaufen Sie keinen Spargel der höchsten Qualitätsklasse, um Spargelsuppe zu machen.*
3. *Anstelle von weißem Spargel können Sie auch grünen oder wilden Spargel verwenden.*

Gelbe und rote Peperonisuppe

FÜR 4 PERSONEN

Zutaten

150 g	gelbe Peperoni
150 g	rote Peperoni
40 g	Butter
120 g	Schalotten, fein geschnitten
120 ml	Weißwein
1 l	Gemüsebrühe (siehe Seite 83) oder Wasser
1	Lorbeerblatt
250 ml	Sahne
1	Knoblauchzehe
2 EL	kalte Butter
1 TL	Apfelessig
	Salz
	weißer Pfeffer aus der Mühle

Weiteres

4	Estragonspitzen zum Garnieren

etwa 20 Minuten

Zubereitung

- Peperoni halbieren, Samen entfernen, waschen und in kleine Stücke schneiden.
- Butter in einem passenden Topf schmelzen lassen, fein geschnittene Schalotten glasig dünsten. Den Ansatz auf 2 Töpfe aufteilen, einmal die gelben, einmal die roten Peperoniwürfel dazugeben und kurz mitdünsten, mit je der Hälfte Weißwein und Gemüsebrühe aufgießen.
- Lorbeerblatt dazugeben und 15 Minuten kochen lassen.
- Beide Suppen mit Sahne und Knoblauch verfeinern, weitere 5 Minuten kochen lassen.
- Die Suppen im Mixer fein aufmixen, mit kalter Butter, Apfelessig, Salz und Pfeffer verfeinern.
- Die Suppen zugleich in eine Tasse schütten, sodass beide Farben sichtbar sind. Eventuell mit einem Holzspieß die beiden Suppen vermischen.
- Mit Estragonspitzen garnieren und servieren.

VARIATION

Blumenkohlsuppe und Broccolisuppe: Anstelle der Peperoni verwenden Sie Blumenkohl und Broccoli.

TIPPS

1. *Servieren Sie die Suppen mit in Butter gerösteten Weißbrotwürfeln, Streifen von frischem oder geräuchertem Lachs.*
2. *Zur Suppe kann man auch Sesamstangen reichen.*
3. *Servieren Sie geröstete Mandeln oder Pinoli zur Suppe.*
4. *Sie können die Suppe auch mit Ziegenfrischkäse verfeinern.*

Artischockensuppe

Für 4 Personen

Zutaten

4	große Artischocken
1	Zitrone, Saft
150 g	Zwiebeln
1	Knoblauchzehe
3 EL	Olivenöl
1 EL	Mehl
80 ml	Weißwein
750 ml	Gemüsebrühe (siehe Seite 83) oder Wasser
1	Thymianzweig
1	Lorbeerblatt
	Salz
	Pfeffer aus der Mühle

Weiteres

2 EL	Olivenöl
1 EL	Petersilie, grob geschnitten, zum Garnieren

etwa 20 Minuten

Zubereitung

- Von den Artischocken den Stiel abtrennen und die Blätter 2–3 cm über dem Artischockenboden abschneiden.
- Die verbliebenen harten Blätter rund um den Boden entfernen, dann mit einem Teelöffel oder einem Kugelausstecher das »Heu« aus der Mitte des Artischockenbodens lösen.
- Artischocken in kleine Streifen schneiden, mit ⅓ des Zitronensaftes beträufeln, um das Braunwerden zu verhindern.
- Zwiebeln und Knoblauch schälen. Zwiebeln in Würfel, Knoblauch in dünne Scheiben schneiden.
- In einem Topf Olivenöl erhitzen und Zwiebeln und Knoblauch darin glasig dünsten.
- Artischocken hinzufügen und kurze Zeit mitdünsten.
- Mit Mehl bestreuen, dann mit Weißwein ablöschen und mit Gemüsebrühe aufgießen.
- Thymianzweig und Lorbeerblatt dazugeben, mit Salz und Pfeffer würzen und die Artischockensuppe kochen.
- Zum Vollenden restlichen Zitronensaft und Olivenöl unterrühren, mit Petersilie garnieren und servieren.

TIPPS

1. *Als Einlage können Sie gebratenen Speck, Garnelen oder Seezungenstreifen verwenden.*
2. *Die Artischockensuppe kann auch mit Sahne gemixt serviert werden.*
3. *Sie können die Suppe mit Parmesan oder Pecorino bestreuen.*
4. *Reichen Sie dazu auch Knoblauchbruschette.*

Wildkräutersüppchen

FÜR 4 PERSONEN

Zutaten

- 100 g Kartoffeln
- 150 g Lauch
- 1 Knoblauchzehe
- 2 EL Olivenöl
- 1 EL Butter
- 1 l Gemüsebrühe (siehe Seite 83) oder Wasser
- Salz
- Pfeffer aus der Mühle

Wildkräuter

- 80 g Guter-Heinrich-Blätter (oder Spinat)
- 50 g Sauerampferblätter
- 20 g Ackerwindenblätter

Weiteres

- 2 EL Nussöl oder Olivenöl
- 8 kleine Sauerampferblätter zum Garnieren
- 4 Ackerwindenblüten zum Garnieren

etwa 20 Minuten

Zubereitung

- Kartoffeln schälen und in kleine Würfel schneiden.
- Die äußeren Blätter der Lauchstange entfernen, den Lauch von der Wurzel her der Länge nach halbieren, waschen und in feine Ringe schneiden.
- Knoblauch schälen und in feine Scheiben schneiden.
- In einem Topf Olivenöl und Butter erhitzen und Lauch und Knoblauch darin dünsten.
- Kartoffeln dazugeben und mitdünsten.
- Die Gemüsebrühe angießen, salzen, pfeffern und etwa 15 Minuten leicht kochen lassen.

Wildkräuter

- Wildkräuter in Salzwasser kurz aufkochen, dann sofort in Eiswasser abschrecken.

Fertigstellung

- Gekochte Wildkräuter kurz vor dem Servieren zusammen mit der Suppe im Mixer fein mixen und mit Nussöl abschmecken.
- Mit rohen Sauerampferblättern und Ackerwindenblüten garnieren und servieren.

TIPPS

1. *Sie können auch andere Wildkräuter wie Bärlauch, Löwenzahn, Gänseblümchen oder Bachkresse verwenden.*
2. *Wichtig ist, dass Sie die Wildkräuter nie mit der Suppe zusammen kochen lassen, ansonsten wird die Suppe braun.*
3. *Sie können die Suppe mit gerösteten Brotwürfeln servieren.*

Morchelrahmsuppe

FÜR 4 PERSONEN

Zutaten

½	Zwiebel, in Würfel geschnitten
1	Knoblauchzehe, zerdrückt
30 g	Butter
200 g	frische oder 20 getrocknete Morcheln
125 ml	Weißwein
750 ml	Fleischsuppe (siehe Seite 83) oder Wasser
125 ml	Sahne
	Salz
	Pfeffer aus der Mühle

Weiteres

1 EL	Majoranblätter

etwa 25 Minuten

Zubereitung

- Zwiebelwürfel und Knoblauch in Butter anschwitzen.
- Die geputzten und gewaschenen Morcheln längs halbieren, dazugeben und dünsten lassen. 2 Esslöffel gedünstete Morcheln für die Einlage bereitstellen.
- Den Morchelansatz mit Weißwein aufgießen und etwas einkochen lassen.
- Fleischsuppe dazugeben und etwa 15 Minuten kochen lassen.
- Sahne beigeben und weitere 10 Minuten kochen.
- Alles in den Mixer oder in die Moulinette geben, pürieren und anschließend durch ein feines Sieb seihen.
- Die Suppe mit Salz und Pfeffer abschmecken und mit einem Pürierstab oder Mixer aufschäumen.
- Mit gedünsteten Morcheln und Majoranblättern garnieren und servieren.

VARIATIONEN

Pfifferlingrahmsuppe: Anstelle der Morcheln verwenden Sie Pfifferlinge.
Champignonrahmsuppe: Anstelle der Morcheln verwenden Sie Champignons.

TIPPS

1. *Als Einlage kann man auch geröstete Brotwürfel verwenden.*
2. *Die Suppe muss nicht unbedingt gemixt werden.*

Tomatencremesuppe

FÜR 4 PERSONEN

Zutaten

30 ml	Olivenöl
80 g	Zwiebeln, fein geschnitten
1	Knoblauchzehe, fein gehackt
1 kg	vollreife Tomaten oder Cocktailtomaten
1	Rosmarinzweig
4	Basilikumblätter
600 ml	Gemüsebrühe (siehe Seite 83) oder Wasser
	Salz
	weißer Pfeffer aus der Mühle
100 ml	Sahne

Weiteres

2 EL	Olivenöl zum Garnieren
	Kerbel zum Garnieren

etwa 20 Minuten

Zubereitung

- Olivenöl in einem passenden Topf erhitzen, Zwiebeln und Knoblauch dazugeben und glasig dünsten.
- Tomaten waschen und vierteln und dazugeben.
- Rosmarinzweig und Basilikumblätter dazugeben, verrühren und die Gemüsebrühe angießen.
- Mit Salz und Pfeffer würzen und leicht köcheln lassen.
- Die Suppe mixen und durch ein feines Sieb passieren, damit die Tomatenhaut zurückbleibt; mit flüssiger Sahne verfeinern.
- In Tellern oder Suppentassen mit Olivenöl und Kerbel garnieren und servieren.

VARIATION

Tomatisierte Lauchsuppe: Ergänzen Sie den Zwiebelansatz mit 250 g Lauch und verwenden Sie anstelle der Tomaten 400 g Cocktailtomaten. Verfeinern Sie die Suppe mit 1 Esslöffel Tomatenmark und 1 Teelöffel geriebenem Ingwer.

TIPPS

1. *Als Einlage für diese Suppe eignen sich gekochter Reis, Käseschöberl, geröstete Semmel- oder Toastbrotwürfel.*
2. *Statt frischer Tomaten kann man auch Tomaten aus der Dose verwenden.*

Miesmuschelsuppe

FÜR 4 PERSONEN

Zutaten

1 kg	Miesmuscheln
30 ml	Olivenöl
125 ml	Weißwein
30 g	Butter
1	Zwiebel, in feine Würfel geschnitten
1	Knoblauchzehe, fein geschnitten
50 g	Lauch, in Streifen geschnitten
30 g	Stangensellerie, in Streifen geschnitten
30 g	Karotten, in Streifen geschnitten
1 l	Gemüsebrühe (siehe Seite 83) oder Wasser
100 ml	Sahne
	Salz
	Pfeffer aus der Mühle
1 EL	Curry

Weiteres

4 TL	geschlagene Sahne zum Garnieren
50 g	gekochte Gemüsestreifen (Karotten und Lauch) zum Garnieren
	Dillspitzen zum Garnieren

etwa 20 Minuten

Zubereitung

- Miesmuscheln mit einer Bürste gut abreiben, dann waschen. Von den Muscheln den »Bart« abziehen. Offene Miesmuscheln aussortieren und wegwerfen.
- In einem Kochtopf Olivenöl erwärmen, geputzte Muscheln dazugeben, mit Weißwein auffüllen, dann den Topf mit einem Deckel so lange verschließen bis sich die Muscheln geöffnet haben (etwa 3 Minuten).
- Muscheln aus dem Topf nehmen, aus den Schalen lösen und bereitstellen.
- Den Saft der Muscheln durch ein feines Teesieb gießen und zur Gemüsebrühe geben.
- In einem Topf Butter erhitzen, Zwiebelwürfel und Knoblauch darin dünsten, Gemüsestreifen ebenfalls dünsten, mit der Gemüsebrühe und Sahne aufgießen.
- Mit Salz und Pfeffer würzen und 20 Minuten kochen lassen.
- Suppe mit Curry verfeinern und mit einem Pürierstab aufschäumen. Mit den ausgelösten Miesmuscheln, geschlagene Sahne, Gemüsestreifen und Dillspitzen garnieren und servieren.

VARIATION

Klare Muschelsuppe: Die Miesmuschelsuppe ohne Sahne zubereiten und mit frischem Korianderkraut servieren.

TIPPS

1. *Man kann die geschlagene Sahne für die Garnitur auch mit etwas Curry vermischen.*
2. *Geben Sie Tomatenwürfel als Garnitur zur Suppe.*
3. *Die Suppe kann mit anderen Muscheln (Austern, Herzmuscheln, Jakobsmuscheln) zubereitet werden.*
4. *Zur Miesmuschelsuppe passt auch Knoblauchbrot.*

Fischsuppe »Tigullio«

Für 4 Personen

Zutaten

100 g	Lauch
30 ml	Olivenöl
1	Knoblauchzehe, fein geschnitten
200 g	Drachenkopf
100 g	Seeteufelfilet
100 g	Miesmuscheln, geputzt
4	Garnelen ohne Schale
70 ml	Weißwein
1 l	Gemüsebrühe (siehe Seite 83)
	Salz
100 g	Tomaten, in Würfel geschnitten
1 TL	Curry

Weiteres

1	frischer Peperoncino, in feine Streifen geschnitten
1 EL	Petersilie, fein geschnitten

etwa 10 Minuten

Zubereitung

- Lauch putzen, waschen, in Streifen schneiden und im Olivenöl zusammen mit Knoblauch dünsten.
- Drachenkopf und Seeteufelfilet in 30 g große Stücke schneiden und dazugeben, ebenso Miesmuscheln mit der Schale und Garnelen. Alles zusammen kurz dünsten.
- Mit Weißwein ablöschen und mit Gemüsebrühe aufgießen. Dann mit Salz würzen.
- Tomaten und Curry dazugeben und die Suppe 5 Minuten ziehen lassen.
- Auf tiefe Teller verteilen, mit Peperoncinostreifen und Petersilie garnieren und servieren.

VARIATION

Gebundene Fischsuppe: Die Fischsuppe mit etwas in kaltem Wasser angerührter Speisestärke binden und mit 1 Esslöffel geschlagener Sahne verfeinern.

TIPPS

1. *Servieren Sie dazu Gewürzbrot, Toastbrot oder Knoblauchbrot.*
2. *Sie können auch andere Fische, z. B. Steinbutt, Zander, Seeteufel und Seezunge, für die Suppe verwenden.*

Stockfischsuppe

FÜR 4 PERSONEN

Zutaten

400 g	Stockfisch, gewässert
100 g	Zwiebeln
2	Knoblauchzehen
50 g	Karotten
40 g	Stangensellerie
80 ml	Olivenöl
500 g	Tomaten, entkernt und in Würfel geschnitten
1 l	Gemüsebrühe (siehe Seite 83) oder Wasser
250 g	Kartoffeln
	Salz
	Pfeffer aus der Mühle
1 EL	Basilikum, fein geschnitten

Weiteres

1 EL	Olivenöl zum Beträufeln
4	Petersilienblätter zum Garnieren
4	Basilikumblätter zum Garnieren

etwa 50 Minuten

Zubereitung

- Stockfisch gut waschen, enthäuten und entgräten.
- Zwiebeln und Knoblauch schälen und klein schneiden.
- Karotten und Stangensellerie ebenfalls schälen und in kleine Würfel schneiden.
- In einem Topf Olivenöl erhitzen, Zwiebeln, Knoblauch, Karotten und Stangensellerie dünsten, Stockfisch dazugeben und ebenfalls etwas dünsten.
- Tomaten dazugeben, mit Gemüsebrühe aufgießen und etwa 35 Minuten kochen lassen.
- Kartoffeln schälen, in 1 cm große Würfel schneiden und zum Fisch geben.
- Mit Salz und Pfeffer würzen und nochmals etwa 15 Minuten kochen lassen.
- Den Stockfisch aus der Suppe nehmen, in Stücke zerpflücken und wieder zur Suppe geben.
- Fertige Suppe abschmecken, mit Basilikum bestreuen.
- Mit Olivenöl beträufeln, mit Petersilienblättern und Basilikumblättern garnieren und servieren.

VARIATION

Zandersuppe: Sie können anstelle des Stockfisches auch frisches Zanderfilet verwenden.

TIPPS

1. *Verwenden Sie für dieses Rezept sehr reife Tomaten, ersatzweise Tomaten aus der Dose.*
2. *Sie können auch 2 Esslöffel Pinoli in die Suppe geben.*

Garnelensuppe

FÜR 4 PERSONEN

Zutaten

300 g	Garnelen
	Salz
	Pfeffer aus der Mühle
50 g	Butter
1 EL	Brandy oder Cognac
50 g	Lauch, in kleine Würfel geschnitten
30 g	Stangensellerie, in kleine Würfel geschnitten
50 g	Karotten, in kleine Würfel geschnitten
50 g	Zwiebeln, grob geschnitten
1 TL	Tomatenmark
20 g	Mehl
125 ml	Weißwein
1 l	Gemüsebrühe (siehe Seite 83) oder Wasser
125 ml	Sahne
1	Knoblauchzehe, fein gehackt
	Salz
1 Msp.	Cayennepfeffer
1 TL	Zitronensaft

Weiteres

1 EL	Kerbelblätter zum Garnieren

etwa 20 Minuten

Zubereitung

- Garnelen von der Schale befreien, den Darm am Rücken entfernen und die Schalen gut waschen.
- Je 2 Garnelen auf einen Holzspieß stecken und mit Salz und Pfeffer würzen.
- Garnelenspieße und Garnelenschalen in Butter rösten und mit Brandy ablöschen.
- Garnelenspieße herausnehmen und für die Einlage warm stellen.
- Lauch, Stangensellerie, Karotten und Zwiebeln zu den Garnelenschalen geben und mitdünsten.
- Tomatenmark ebenfalls dazugeben und mit Mehl bestreuen.
- Weißwein sowie Gemüsebrühe dazugießen und die Suppe 10 Minuten kochen lassen.
- Sahne und Knoblauch dazugeben und weitere 10 Minuten kochen.
- Die Suppe fein abseihen.
- Die Garnelensuppe mit Salz, Cayennepfeffer und Zitronensaft abschmecken und mit einem Pürierstab etwas aufschäumen. Die gebratenen Garnelenspießchen zur Suppe geben und mit Kerbelblättern garnieren und servieren.

VARIATION

Hummercremesuppe: Anstelle der Garnelen verwenden Sie einen 600 g schweren Hummer. Würzen Sie die Suppe mit 2 zerdrückten grünen Kardamomschoten.

TIPPS

1. *Sie können anstelle der Garnelen auch andere Krustentiere wie Scampi oder Flusskrebse verwenden.*
2. *Knoblauchtoast passt hervorragend zur Garnelensuppe.*

Leberknödelsuppe

FÜR 4 PERSONEN, ETWA 16 KNÖDEL

Zutaten

30 g	Zwiebeln
30 g	Butter
150 g	Kalbsleber
50 g	Kalbsnierenfett
80 ml	Milch
1	Ei
1 EL	Petersilie
1/2 TL	Majoran
1 Msp.	Zitronenschale
1	Knoblauchzehe
	Salz
	Pfeffer aus der Mühle
120 g	Knödelbrot

Weiteres

800 ml	Fleischsuppe (siehe Seite 83)
2 EL	Schnittlauch

Zubereitung

- Zwiebeln fein schneiden und in Butter dünsten.
- Kalbsleber und Kalbsnierenfett mit den gedünsteten Zwiebeln fein faschieren.
- Milch, Ei und Gewürze (Petersilie und Majoran fein geschnitten, geriebene Zitronenschale, Knoblauch fein gehackt, Salz und Pfeffer) mit der Leber verrühren und mit dem Knödelbrot vermischen.
- Die Knödelmasse 30 Minuten zugedeckt kühl stellen.
- Knödel formen und im kochenden Salzwasser halb zugedeckt sieden lassen.
- Die Knödel in die heiße Fleischsuppe geben, mit fein geschnittenem Schnittlauch garnieren und servieren.

etwa 20 Minuten

Speckknödelsuppe

FÜR 4 PERSONEN, ETWA 8 KNÖDEL

Zutaten

1/2	Zwiebel
1 EL	Butter
150 g	Knödelbrot
2 EL	Mehl
80 g	Speck
100 ml	Milch oder Wasser
2	Eier
1 EL	Petersilie
	Salz

Weiteres

800 ml	Fleischsuppe (siehe Seite 83)
2 EL	Schnittlauch

Zubereitung

- Zwiebel in feine Würfel schneiden, in Butter dünsten und über das Knödelbrot geben.
- Mehl und den in kleine Würfel geschnittenen Speck untermengen.
- Milch, Eier, fein geschnittene Petersilie und Salz verrühren, über das Knödelbrot geben und alles gut vermengen.
- Die Masse etwa 15 Minuten ziehen lassen, daraus Knödel formen und in Salzwasser halb zugedeckt sieden.
- Die Knödel in die heiße Fleischsuppe geben, mit fein geschnittenem Schnittlauch garnieren und servieren.

etwa 20 Minuten

Terlaner Weinsuppe

FÜR 4 PERSONEN

Weinsuppe

250 ml	Kraftsuppe oder Fleischsuppe (siehe Seite 83)
125 ml	Weißwein (Gewürztraminer oder Weißburgunder)
100 ml	Sahne
3	Eigelb
1 Prise	Muskatnuss
1 Msp.	Zimt
	Salz

Zimtcroûtons

2	Toastbrotscheiben
40 g	Butter
1/2 TL	Zimt

Weinsuppe: etwa 5 Minuten

Zimtcroûtons: etwa 5 Minuten

Weinsuppe

- Abgeschmeckte Kraftsuppe und Weißwein in einen Topf geben.
- Sahne mit Eigelb verrühren und ebenfalls zur Suppe geben.
- Anschließend die Suppe kontrolliert erhitzen und mit einem Schneebesen schaumig schlagen, ohne dass das Eigelb gerinnt (die Suppe darf nicht mehr kochen).
- Sobald die Suppe eine cremig-schaumige Konsistenz hat, mit Muskatnuss, Zimt und Salz abschmecken.

Zimtcroûtons

- Toastbrot entrinden und in 5 mm große Würfel schneiden.
- In einer Pfanne Butter zergehen lassen, Toastbrotwürfel dazugeben und unter ständigem Schwenken goldbraun rösten.
- Dann mit Zimt bestreuen und sofort aus der Pfanne nehmen.

Fertigstellung

- Die Suppe in Suppentassen oder -teller füllen und den Schaum gleichmäßig darauf verteilen.
- Mit den Zimtcroûtons bestreuen und sofort servieren.

VARIATION

Sektschaumsuppe: Anstelle des Weißweins verwenden Sie Sekt. Würzen Sie die Suppe mit 1/2 zerdrückten Sternanis.
Biersuppe: Anstelle des Weißweins verwenden Sie Bier.

TIPPS

1. *Am besten gelingt die Weinsuppe, wenn Sie die Suppe auf einem heißen Wasserbad (90 Grad) aufschlagen.*
2. *Servieren Sie die Suppe mit Blätterteigzimtstangen oder Käsegipferln.*

Brennsuppe mit Kartoffeln

FÜR 4 PERSONEN

Zutaten

80 g	Mehl
30 g	Dinkelvollkornmehl
1 ½ l	Wasser
1	Lorbeerblatt
½ TL	Kümmel
	Salz
	Pfeffer aus der Mühle
200 g	Kartoffeln, mit der Schale gekocht

Weiteres

60 g	Schwarzbrotwürfel
1 EL	Butter
1 TL	Petersilie, grob geschnitten, zum Garnieren

etwa 20 Minuten

Zubereitung

- Mehl und Dinkelvollkornmehl bei trockener Hitze (ohne Fett) in einem Kochtopf rösten, bis es eine nussbraune Farbe (Einbrenn) erhält.
- Nun mit kaltem Wasser aufgießen und unter ständigem Rühren die Suppe zum Kochen bringen
- Mit Lorbeerblatt, Kümmel, Salz und Pfeffer würzen, dann kochen lassen.
- Kartoffeln schälen, in Würfel schneiden und in die Suppe geben.
- Schwarzbrotwürfel in Butter rösten, vor dem Servieren in die Suppe geben und mit Petersilie garnieren.

VARIATION

Saure Suppe: Kochen Sie mit der Brennsuppe etwa 300 g in feine Streifen geschnittene, gekochte Schweinskutteln. Verfeinern Sie die Saure Suppe mit etwas Rotweinessig, einer Messerspitze geriebener Zitronenschale und 50 g in Streifen geschnittenen Essiggurken.

TIPPS

1. *Sie können anstelle des Schwarzbrotes auch hartes Bauernbrot (Bröcke) verwenden.*
2. *Die Brennsuppe können Sie auch mit Ziegenkäse verfeinern.*
3. *Bei der Einbrenn ist es wichtig, dass das Mehl langsam bräunt; die Bindung der Suppe wird dadurch besser.*
4. *Als zusätzliches Gewürz können Sie auch Kapern verwenden.*

Sauerkrautsuppe

Für 4 Personen

Zutaten

80 g	Kartoffeln
20 g	Bauchspeck
40 g	Butter
½	Zwiebel, klein geschnitten
100 g	frisches Sauerkraut
2 EL	Weißwein
800 ml	Fleischsuppe (siehe Seite 83) oder Wasser
1	kleines Lorbeerblatt
4	Wacholderbeeren, fein gehackt
200 ml	Sahne
	Salz
	Pfeffer aus der Mühle

Weiteres

2 EL	gekochtes Sauerkraut zum Garnieren
4	gebratene Speckscheiben zum Garnieren
1 EL	Schnittlauch, fein geschnitten, zum Garnieren

etwa 30 Minuten

Zubereitung

- Kartoffeln schälen und in kleine Würfel schneiden.
- Bauchspeck ebenfalls in Würfel schneiden.
- In einem Topf Butter schmelzen lassen, klein geschnittene Zwiebel und Bauchspeck darin dünsten.
- Sauerkraut und Kartoffeln dazugeben und mit Weißwein und Fleischsuppe aufgießen.
- Lorbeerblatt und Wacholderbeeren hinzufügen und die Suppe kochen lassen.
- Mit Sahne verfeinern und die Suppe im Mixer pürieren, eventuell durch ein Sieb passieren und mit Salz und Pfeffer abschmecken.
- Die Sauerkrautsuppe mit gekochtem Sauerkraut, Speck und Schnittlauch garnieren und servieren.

TIPPS

1. *Als Einlage für diese Suppe eignen sich: gekochtes Selchfleisch, gekochte Pökelzunge, in Streifen geschnittene Speckstreifen, in Würfel geschnitte Räucherforelle, gekochte Kartoffelwürfel, Kresse und in Butter geröstete Schwarzbrotwürfel.*
2. *Bei Sauerkraut aus der Dose verringert sich die Garzeit.*
3. *Die Suppe können Sie auch ohne zu mixen servieren.*
4. *Kümmelstangen aus Blätterteig passen hervorragend dazu.*

Kastanien-Steinpilzsuppe

Für 4 Personen

Zutaten

80 g	Zwiebeln, fein geschnitten
30 g	Butter
250 g	Kastanien, geschält und in Würfel geschnitten
50 g	Steinpilze, in Würfel geschnitten
70 ml	Weißwein
600 ml	Fleischsuppe (siehe Seite 83) oder Wasser
150 ml	Sahne
	Salz
	Pfeffer aus der Mühle
1 Msp.	Muskatnuss

Weiteres

50 g	gekochte Kastanien, halbiert
4 EL	geschlagene Sahne
½ TL	Zimt zum Garnieren
4	Ananassalbeispitzen oder Zitronenmelisseblätter zum Garnieren

etwa 20 Minuten

Zubereitung

- Fein geschnittene Zwiebelwürfel in Butter anschwitzen.
- Anschließend die in Würfel geschnittenen Kastanien und Steinpilze dazugeben.
- Etwas dünsten lassen, dann mit Weißwein aufgießen.
- Mit Fleischsuppe und Sahne aufgießen und auf kleiner Flamme kochen lassen.
- Kastanien-Steinpilzsuppe im Mixer fein pürieren und mit Salz, Pfeffer und Muskatnuss abschmecken.
- Die Suppe mit einem Pürierstab aufschäumen.
- Die halbierten, gekochten Kastanien zur Suppe geben. Je 1 Esslöffel geschlagene Sahne auf die Suppe geben.
- Mit einer Prise Zimt und Ananassalbei garnieren und servieren.

TIPPS

1. *Vor dem Servieren kann man die Suppe mit etwas kalter Butter und Trüffel aufmixen.*
2. ***Kastanien schälen:** Die Kastanien ringsum mit der Spitze eines scharfen Messers einschneiden und so lange kochen oder braten, bis sie sich leicht schälen lassen.*

Gerstsuppe

FÜR 4 PERSONEN

Zutaten

1	Zwiebel
1 EL	Butter
30 g	Karotten, in Würfel geschnitten
30 g	Stangensellerie, in Würfel geschnitten
100 g	Gerste
1 ½ l	Wasser
80 g	Selchfleisch (Schopf)
1	Lorbeerblatt
50 g	rohe Kartoffeln, in Würfel geschnitten
4 EL	Petersilie, fein geschnitten
	Salz
	Pfeffer aus der Mühle

etwa 1 ½ Stunden

Zubereitung

- Zwiebel schälen, in Würfel schneiden und in Butter dünsten.
- Karotten- und Stangenselleriewürfel dazugeben und etwa 5 Minuten mitdünsten.
- Gerste in kaltem Wasser waschen und in den Topf zum Gemüse geben.
- Mit Wasser aufgießen, Selchfleisch und Lorbeerblatt dazugeben und kochen lassen.
- 20 Minuten vor Ende der Garzeit die Kartoffelwürfel mitkochen.
- Selchfleisch herausnehmen, etwas auskühlen lassen, in Würfel oder kleine Scheiben schneiden und als Einlage in die Suppe geben.
- Zum Schluss die Suppe mit Petersilie sowie Salz und Pfeffer abschmecken und servieren.

TIPPS

1. *Als Beilage eignen sich Tirtlen oder Kartoffelblattlen sehr gut.*
2. *Sie können auch ein kleines Stück Bauchspeck mitkochen.*

Schwarzbrotsuppe

Für 4 Personen

Zutaten

1	Zwiebel
1 EL	Butter
80 g	einige Tage altes Schwarzbrot, in Würfel geschnitten
1 TL	Paprikapulver
1 l	Fleischsuppe (siehe Seite 83) oder Wasser
	Salz
	Pfeffer aus der Mühle
2 EL	Parmesan, gerieben, zum Garnieren
1 EL	Petersilie, fein geschnitten, zum Garnieren

etwa 25 Minuten

Zubereitung

- Zwiebel schälen, in Streifen schneiden und in Butter braun rösten.
- Schwarzbrot dazugeben und etwas mitrösten.
- Paprikapulver einstreuen, mit Fleischsuppe aufgießen und kochen lassen.
- Die Suppe aufkochen und mit Salz und Pfeffer abschmecken.
- Mit Parmesan und Petersilie garnieren und servieren.

VARIATION

Vinschger-Paarl-Suppe: Anstelle von Schwarzbrot verwenden Sie Vinschger Paarlen. Das Brot sollte aber mindestens 2 Tage alt sein.

TIPP

Als Einlage eignen sich auch Speckwürfel, in Scheiben geschnittene Hauswürste, Schinkenwürfel oder Gemüsestreifen.

Reis-Fenchelsuppe mit gebackenen Scampi

FÜR 4 PERSONEN

Reis-Fenchelsuppe

- 50 g Zwiebeln
- 40 g Stangensellerie
- 50 ml Olivenöl
- 1 Knoblauchzehe, fein gehackt
- 200 g Fenchel
- 150 g Rundkornreis (Arborio)
- 1,2 l Gemüsebrühe (siehe Seite 83) oder Wasser
- 1 Lorbeerblatt
- 200 ml Sahne
- 4 Basilikumblätter
- Salz
- Pfeffer aus der Mühle

Gebackene Scampi

- 4 Scampi
- Salz
- 1 EL Mehl
- 1 Eiweiß
- 4 Fenchelscheiben, hauchdünn geschnitten
- Öl zum Backen

Weiteres

- 4 gebratene Scampi, in Stücke geschnitten
- 8 Dillspitzen zum Garnieren
- 1 EL Kräuteröl zum Garnieren (Petersilie, Kerbel, Knoblauch mit Olivenöl fein mixen und passieren)

Reissuppe: etwa 20 Minuten
Scampi: etwa 2 Minuten

Reis-Fenchelsuppe

- Zwiebeln und Sellerie putzen und in kleine Würfel schneiden.
- Olivenöl erhitzen und Zwiebelwürfel, Selleriewürfel und Knoblauch darin dünsten.
- Fenchel putzen, waschen und in Würfel schneiden.
- Rundkornreis und Fenchel dazugeben, mit der Gemüsebrühe aufgießen, Lorbeerblatt hinzufügen und den Reis weich kochen.
- Lorbeerblatt entfernen, die Suppe fein passieren und mit der Sahne vermischen.
- Die Reis-Fenchelsuppe mit grob geschnittenem Basilikum, Salz und Pfeffer abschmecken.

Gebackene Scampi

- Scampi von Schale und Darm befreien, waschen, trocknen und mit Salz würzen.
- Mit Mehl bestreuen, durch das Eiweiß ziehen und in die mit der Aufschnittmaschine hauchdünn geschnittenen Fenchelscheiben einwickeln.
- In einer Pfanne reichlich Samenöl erhitzen und die mit Fenchel umwickelten Scampi darin backen.

Fertigstellung

- Die Reis-Fenchelsuppe mit einem Pürierstab fein aufschäumen und in tiefen Tellern mit gebratenen und gebackenen Scampi anrichten.
- Mit Dillspitzen und Kräuteröl garnieren und servieren.

VARIATION

Grießsuppe: Anstelle von Reis geben Sie Grieß in die Suppe, den Fenchel ersetzen Sie durch Karottenwürfel. Verfeinern Sie die Grießsuppe mit frisch geschnittenen Kräutern wie Majoran, Petersilie und Basilikum.

TIPP

Servieren Sie zu dieser Suppe Grissini oder Ciabatta-Brot.

Dinkelvollkornsuppe

FÜR 4 PERSONEN

Zutaten

50 g	Zwiebeln
20 g	Lauch
30 g	Karotten
30 g	Butter
100 g	Dinkelvollkornmehl
1 l	Gemüsebrühe (siehe Seite 83) oder Wasser
250 ml	Milch
	Salz
	Pfeffer aus der Mühle
½	Knoblauchzehe
1 TL	Basilikum
1	Eigelb
50 ml	Sahne

Weiteres

50 ml	geschlagene Sahne
2 EL	geröstete Dinkelflocken zum Garnieren
	Erbsensprossen oder Bachkresse zum Garnieren

etwa 20 Minuten

Zubereitung

- Zwiebeln, Lauch und Karotten putzen, schälen, in kleine Würfel schneiden und in Butter anschwitzen.
- Dinkelvollkornmehl dazugeben, verrühren und etwas mitdünsten,.
- Mit heißer Gemüsebrühe und Milch aufgießen, mit Salz und Pfeffer würzen und kochen lassen.
- Im Mixer mit rohem Knoblauch und Basilikum pürieren.
- Vor dem Servieren Eigelb und flüssige Sahne verrühren und in die Suppe einrühren (die Suppe darf nicht mehr kochen).
- Die Suppe eventuell aufschäumen, mit geschlagener Sahne, gerösteten Dinkelflocken und Erbsensprossen garnieren und servieren.

VARIATION

Weizenvollkornsuppe: Verwenden Sie anstelle des Dinkelvollkornmehls Weizenvollkornmehl für die Suppe.
Hirsesuppe: Anstelle des Dinkelvollkornmehls geben Sie Hirse in die Suppe. Die Hirsesuppe können Sie auch servieren, ohne sie zu passieren.

TIPPS

1. *Als geschmackliche Ergänzung können Sie zum Schluss auch etwas Olivenöl und Knoblauch in die Suppe geben.*
2. *Sie können auch andere Vollkornmehle wie Weizenvollkorn-, Kamut-, Gerstenmehl verwenden.*
3. *Servieren Sie zu dieser Suppe Vollkorngrissini.*

Buchweizensuppe

FÜR 4 PERSONEN

Zutaten

- 50 g Zwiebeln
- 20 g Lauch
- 30 g Karotten
- 30 g Butter
- 100 g Buchweizenkörner, ohne Fett geröstet
- 1 l Gemüsebrühe (siehe Seite 83) oder Wasser
- ½ Knoblauchzehe, gehackt
- 1 TL Basilikum
- Salz
- Pfeffer aus der Mühle
- 1 Eigelb
- 50 ml Sahne

Weiteres

- 60 g Ziegenquark oder Topfen (Quark), zu 4 kleinen Nocken geformt
- 1 TL Schnittlauch, fein geschnitten, zum Garnieren
- 4 Basilikumherzen zum Garnieren
- 1 EL Olivenöl zum Garnieren

etwa 20 Minuten

Zubereitung

- Zwiebeln, Lauch und Karotten putzen, schälen, in kleine Würfel schneiden und in Butter anschwitzen.
- 90 g der Buchweizenkörner dazugeben und mit heißer Gemüsebrühe aufgießen.
- Suppe kochen, bis die Buchweizenkörner weich sind.
- Die Suppe mit gehacktem Knoblauch, Basilikum, Salz und Pfeffer würzen.
- Vor dem Servieren Eigelb und flüssige Sahne verrühren, in die Suppe einrühren und pürieren (die Suppe darf nicht mehr kochen).
- Buchweizensuppe mit Ziegenquarknocken, Schnittlauch und den restlichen 10 g gerösteten Buchweizenkörnern garnieren. Mit Basilikumherzen und Olivenöl servieren.

TIPPS

1. *Als geschmackliche Ergänzung können Sie zum Schluss auch etwas Olivenöl und Knoblauch in die Suppe geben.*
2. *Sie können die Suppe auch ohne Eigelb und Sahne und unpüriert zubereiten.*
3. *Servieren Sie zu dieser Suppe Tirtlen oder Grissini.*
4. *Sie können anstelle der Buchweizenkörner auch grobes Buchweizenmehl verwenden.*

Gorgonzola-Polentasuppe

Für 4 Personen

Zutaten

50 g	Zwiebeln
20 g	Lauch
20 g	Karotten
50 g	Butter
70 g	weißes Polentamehl
1 l	Gemüsebrühe (siehe Seite 83) oder Fleischsuppe (siehe Seite 83)
	Salz
	Pfeffer aus der Mühle
1	Knoblauchzehe
30 g	Gorgonzola
1 TL	Kerbel
1	Eigelb
100 ml	Sahne

Weiteres

4	hauchdünne Gorgonzolascheiben zum Garnieren
1 EL	braune Butter zum Garnieren
	Kerbel zum Garnieren

etwa 40 Minuten

Zubereitung

- Zwiebeln, Lauch und Karotten waschen, putzen, schälen, in Würfel schneiden und in Butter anschwitzen.
- Weißes Polentamehl dazugeben, mit heißer Gemüsebrühe aufgießen, mit Salz und Pfeffer würzen und die Suppe kochen, bis das Polentamehl weich ist.
- Die Suppe mit rohem Knoblauch, Gorgonzola und Kerbel mixen.
- Vor dem Servieren Eigelb mit Sahne vermischen und unter die Suppe rühren. Die Suppe darf nun nicht mehr kochen.
- Die Suppe mit Gorgonzolascheiben, brauner Butter und Kerbelblättern garnieren und servieren.

Variation

Polenta-Trüffelsuppe: Hobeln Sie kurz vor dem Servieren frischen weißen Trüffel über die Suppe.

Tipp

Sie können auch andere Käsesorten wie Taleggio, Pecorino oder Parmesan verwenden.

Braune Linsensuppe

Für 4 Personen

Zutaten

- 100 g braune Linsen
- 30 g Lauch
- 50 g Knollensellerie
- 30 g Coppa (italienische Spezialität – Schweinehals) oder Rohschinken in kleine Würfel geschnitten
- 1 Knoblauchzehe, fein gehackt
- 1 EL Butter
- 1 l Gemüsebrühe (siehe Seite 83) oder Wasser
- 1 EL Petersilie oder Kerbel
- Salz
- Pfeffer aus der Mühle

Weiteres

- 4 EL gekochte braune Linsen zum Garnieren
- 2 EL Coppastreifen zum Garnieren
- 1 EL Rosmarinöl zum Garnieren (mit Olivenöl aufgemixter Rosmarin)
- 1 EL Schnittlauch, fein geschnitten, zum Garnieren

etwa 30 Minuten

Zubereitung

- Braune Linsen in kaltem Wasser 1–2 Stunden einweichen.
- Lauch und Knollensellerie putzen, waschen, in feine Würfel schneiden und mit Coppa und Knoblauch in Butter dünsten.
- Das Linsenwasser abschütten, Linsen dazugeben und mitdünsten.
- Mit Gemüsebrühe aufgießen und kochen lassen.
- Die Suppe mit Petersilie im Mixer fein pürieren.
- Die heiße Suppe mit Salz und Pfeffer würzen. Mit gekochten braunen Linsen, Coppastreifen, Rosmarinöl und Schnittlauch garnieren und servieren.

TIPPS

1. *Anstelle der Coppa können Sie auch Bauchspeck verwenden.*
2. *Als Einlage eignen sich in Scheiben geschnittener Cotechino oder Frankfurter Würstel.*

Gemüsesuppe mit Fadennudeln

FÜR 4 PERSONEN

Zutaten

40 g	Stangensellerie
40 g	Karotten
80 g	Zucchini
80 g	Weißkohl
100 g	Kartoffeln
50 g	Zwiebeln
50 g	Lauch
2 EL	Olivenöl
1,2 l	Fleischsuppe (siehe Seite 83) oder Wasser
1	Lorbeerblatt
	Salz
	Pfeffer aus der Mühle

Weiteres

100 g	Fadennudeln (Suppennudeln), gekocht
1	Tomate, geschält, entkernt und in Würfel geschnitten
2 EL	Parmesan, gerieben
	Dillspitzen zum Garnieren

etwa 30 Minuten

Zubereitung

- Gemüse (Stangensellerie, Karotten, Zucchini, Weißkohl) putzen, schälen, waschen und in kleine Stücke schneiden.
- Kartoffeln schälen und ebenfalls klein schneiden.
- Zwiebeln schälen, Lauch putzen, in feine Würfel schneiden und in Olivenöl dünsten.
- Gemüse und Kartoffeln dazugeben und mitdünsten.
- Mit der heißen Fleischsuppe aufgießen, mit Lorbeerblatt, Salz und Pfeffer würzen und sieden lassen.
- Gemüsesuppe mit Fadennudeln, Tomatenwürfeln und Parmesan vollenden, mit Dillspitzen garnieren und servieren.

TIPPS

1. *Sie können auch andere Gemüsesorten wie Melanzane, Kohlrabi, Artischocken für die Suppe verwenden.*
2. *Als Einlage eignen sich auch gekochte grüne Bohnen oder Broccoli.*
3. *Wenn Sie frische Tomaten oder Tomaten aus der Dose mit der Suppe mitkochen, dann erhalten Sie eine rötliche Suppe.*

Hühnersuppe mit Tortellini

Für 4 Personen

Hühnersuppe

- 1 Zwiebel
- 400 g Hühnerfleisch (Keule)
- 100 g Wurzelgemüse (Karotten, Lauch, Stangensellerie)
- 2 Eiweiß
- ½ Lorbeerblatt
- 2 Petersilienstängel
- 2 Pfefferkörner, zerdrückt
- 2 l Geflügelbrühe oder Wasser
- 50 ml Madeira
- Salz
- 50 ml Portwein

Tortellinifüllung

- 200 g gekochte Hühnerkeule
- 2 EL Sahne
- 1 EL Parmesan, gerieben
- 1 TL Kerbel, fein geschnitten
- Salz
- Pfeffer aus der Mühle

Eiernudelteig

- 100 g Mehl
- 2 Eigelb
- 1 TL Olivenöl
- 1 EL Wasser

Weiteres

- 80 g gekochte Karottenstreifen
- 1 gekochte Hühnerbrust, in Scheiben geschnitten
- 1 TL frischer Ingwer, gerieben
- 1 TL Kerbelblätter zum Garnieren

Hühnersuppe: etwa 1 Stunde
Tortellini: etwa 5 Minuten

Hühnersuppe

- Zwiebel mit Schale halbieren und mit der Schnittfläche nach unten in einer Pfanne ohne Fett rösten.
- Das Hühnerfleisch grob faschieren, mit geputztem und klein geschnittenem Wurzelgemüse, Eiweiß, Lorbeerblatt, Petersilienstängeln und Pfefferkörnern verrühren.
- Die Geflügelmasse in einen Suppentopf geben, kalte Geflügelbrühe dazugießen, geröstete Zwiebel dazugeben und langsam zum Kochen bringen. Dabei einige Male umrühren.
- Die Suppe auf kleiner Flamme leicht kochen lassen.
- Dann durch ein Tuch abseihen, entfetten und mit Madeira, Salz und Portwein abschmecken.

Tortellinifüllung

- Von der gekochten Hühnerkeule das Fleisch lösen und fein faschieren oder grob hacken. Mit Sahne, Parmesan, Kerbel, Salz und Pfeffer würzen und bereitstellen.

Eiernudelteig

- Alle Zutaten zu einem glatten Teig verkneten und zugedeckt etwa 20 Minuten ruhen lassen.

Tortellini

- Eiernudelteig dünn ausrollen und etwa 5 cm große, runde Blätter ausstechen, mit einen Löffel die Tortellinifüllung daraufgeben, den Teigrand mit etwas Wasser bestreichen, zusammenfalten und über den Finger drehen. Die Tortellini auf ein bemehltes Tuch legen und eventuell kalt stellen.
- Die Tortellini in reichlich Salzwasser kochen, herausheben und gut abtropfen lassen.

Fertigstellung

- Gekochte Karottenstreifen, Hühnerbrustscheiben und Tortellini mit der heißen Hühnersuppe in Tellern anrichten. Mit Ingwer und Kerbel garnieren und servieren.

Weiße Zwiebelcremesuppe mit Salsicce

Für 4 Personen

Weiße Zwiebelcremesuppe

- 400 g Zwiebeln
- 100 g Salsiccia (Schweinswürstchen)
- 80 ml Olivenöl
- 1 EL Butter
- 200 g mehlige Kartoffeln, in kleine Würfel geschnitten
- 1 l Gemüsebrühe (siehe Seite 83) oder Wasser
- Salz
- Pfeffer aus der Mühle

Röstbrot

- 4 Weißbrotscheiben (Baguette), 5 mm dick
- 2 EL Olivenöl
- 50 g Fontina, in Scheiben geschnitten

Weiteres

- 80 g gedünstete Zwiebelstreifen
- 1 EL Schnittlauch zum Garnieren

etwa 30 Minuten

Weiße Zwiebelcremesuppe

- Zwiebeln schälen, halbieren und in dünne Streifen schneiden.
- Salsiccia in kleine Würfel schneiden und in einem Topf ohne Zugabe von Fett rösten, Salsicca herausnehmen und für die Einlage bereitstellen.
- Im selben Kochtopf Olivenöl und Butter erwärmen, Zwiebeln zufügen und bei mittlerer Hitze etwa 15 Minuten goldbraun rösten.
- Kartoffeln und Gemüsebrühe dazugeben, salzen, pfeffern und zum Kochen bringen
- Die Hitze reduzieren und 20 Minuten köcheln lassen.

Röstbrot

- Weißbrotscheiben mit Olivenöl beträufeln und im Backofen bei 200 Grad goldgelb rösten, dann mit den Fontinascheiben belegen und noch einmal kurz überbacken.

Fertigstellung

- Die Zwiebelsuppe mit einem Pürierstab mixen.
- Mit Salsicciawürfeln, gedünsteten Zwiebelstreifen und Schnittlauch garnieren und mit den Röstbrotscheiben servieren.

TIPP

Sie können die Suppe unmittelbar vor dem Servieren mit einer Art Rühreier verfeinern. Dazu die Eier in einer Schüssel verrühren und mit Salz und Pfeffer würzen. Butter in einer Pfanne zerlassen, die Eier in der Pfanne zum Stocken bringen, mit einem Löffel ständig rühren und zur Mitte schieben, bis das Rührei gleichmäßig fest ist, dann in die Suppe geben und servieren.

Gulaschsuppe

Für 4 Personen

Zutaten

100 g	Zwiebeln, in feine Würfel geschnitten
30 ml	Öl
1 TL	Tomatenmark
10 g	Paprikapulver
1 TL	Weißweinessig
100 ml	Rotwein
200 g	Rindfleisch (Schulter), in kleine Würfel geschnitten
	Salz
	Pfeffer aus der Mühle
2 EL	Mehl
1½ l	Fleischsuppe (siehe Seite 83) oder Wasser
½	Lorbeerblatt
150 g	festkochende Kartoffeln, geschält und in kleine Würfel geschnitten

Gulaschgewürz

1 TL	Knoblauch, geriebene Zitronenschale, Kümmel und Majoran, gemischt und fein gehackt

Weiteres

1 EL	Petersilie, fein geschnitten

etwa 1½ Stunden

Zubereitung

- Zwiebeln im heißen Öl goldgelb rösten.
- Tomatenmark dazugeben und kurz mitrösten.
- Paprikapulver dazugeben und mit Weißweinessig und Rotwein ablöschen.
- Sobald der Rotwein fast zur Gänze eingekocht ist, Fleischwürfel dazugeben und mit Salz und Pfeffer würzen.
- Die entstehende Flüssigkeit zugedeckt langsam einkochen lassen, bis ein Fettspiegel sichtbar wird.
- Rindfleisch mit Mehl bestreuen, unterrühren, mit Fleischsuppe nach und nach aufgießen und die Suppe kochen lassen.
- Nach etwa ¾ der Garzeit Lorbeerblatt und Kartoffelwürfel hinzufügen und die Suppe fertig kochen lassen.
- Suppe kurz vor Garende mit Gulaschgewürz abschmecken.
- Die Gulaschsuppe mit Petersilie garnieren und servieren.

TIPPS

1. *Als Einlage können Sie auch Peperoni, in kleine Würfel geschnitten, servieren.*
2. *Die Suppe kann auch nachträglich mit einer Mehl-Wasser-Mischung oder mit Speisestärke gebunden werden.*
3. *Sie können die Gulaschsuppe auch mit geschlagener Sahne servieren.*

Feurige Bohnensuppe

Für 4 Personen

Zutaten

150 g getrocknete Cannellini-Bohnen
50 g Zwiebeln
40 g Stangensellerie
50 ml Olivenöl
1 Knoblauchzehe, fein gehackt
30 g Bauchspeck, in Streifen geschnitten
200 g Fenchel, in Streifen geschnitten
1,2 l Fleischsuppe (siehe Seite 83) oder Wasser
½ Lorbeerblatt
4 Basilikumblätter, grob geschnitten
Salz
Pfeffer aus der Mühle

Weiteres

1 TL Peperoncino, in feine Streifen geschnitten, zum Garnieren
1 EL Basilikum, in feine Streifen geschnitten, zum Garnieren
1 EL Oliven, fein gehackt, zum Garnieren

etwa 40 Minuten

Zubereitung

- Cannellini-Bohnen bereits am Vortag in reichlich kaltem Wasser einweichen.
- Zwiebeln und Stangensellerie putzen und in kleine Würfel schneiden.
- Olivenöl erhitzen und Zwiebelwürfel, Selleriewürfel, Knoblauch und Bauchspeckstreifen darin dünsten.
- Bohnen und Fenchel dazugeben und mit Fleischsuppe aufgießen,
- Lorbeerblatt hinzufügen und die Bohnen weich kochen.
- Die Bohnensuppe mit Basilikum, Salz und Pfeffer abschmecken. Mit Peperoncino, Basilikum und gehackten Oliven garnieren und servieren.

Variationen

Pasta e fagioli (braune Bohnensuppe): Nehmen Sie anstelle der weißen Bohnen Borlotti (braune Bohnen) und anstelle von Fenchel Tomaten. Als Einlage geben Sie gekochte Teigwaren wie Maccheroncini, Maltagliati oder andere Nudeln dazu.
Erbsensuppe: Anstelle der Cannellini-Bohnen verwenden Sie getrocknete Spalterbsen.
Kichererbsensuppe: Anstelle der Cannellini-Bohnen verwenden Sie getrocknete Kichererbsen.

Tipps

1. *Als geschmackliche Ergänzung können Sie zum Schluss auch etwas Olivenöl, Knoblauch und frisch geriebenen Parmesan in die Suppe geben.*
2. *Servieren Sie zu dieser Suppe Grissini oder Ciabatta-Brot.*

Kalte Tomatensuppe

Für 4 Personen

Zutaten

- 1 kg Datteltomaten oder reife Fleischtomaten
- 125 ml Olivenöl
- 80 g Zwiebeln
- 1 Knoblauchzehe
- 1 EL Balsamicoessig
- 8 Basilikumblätter
- 125 ml Fleischsuppe (siehe Seite 83)
- 2 Tropfen Tabasco
- Salz
- Cayennepfeffer

Weiters

- 1 TL Basilikum zum Garnieren
- 1 EL Olivenöl zum Garnieren

etwa 20 Minuten

Zubereitung

- Datteltomaten waschen, den Stängelansatz ausschneiden, vierteln und die Kerne entfernen.
- In einem Kochtopf wenig Olivenöl erwärmen und klein geschnittene Zwiebeln und Knoblauch darin dünsten.
- Tomaten dazugeben, salzen, kurz mitdünsten und zusammen mit Balsamicoessig und Basilikumblättern im Mixer pürieren.
- Währenddessen langsam restliches Olivenöl und kalte Fleischsuppe einlaufen lassen.
- Die Tomatensuppe durch ein feines Sieb streichen und kalt rühren (auf Eiswürfelwasser).
- Zum Schluss die Suppe mit Tabasco, Salz und Cayennepfeffer leicht pikant abschmecken.
- Mit Basilikum und Olivenöl garnieren und servieren.

Kalte Gurkensuppe

Für 4 Personen

Zutaten

- 1 Salatgurke (300 g)
- 125 g Naturjoghurt
- 1 EL Staubzucker
- 3 EL Wasser
- 1 Spritzer Zitronensaft
- Salz
- weißer Pfeffer aus der Mühle

Weiteres

- 4 Gurkenscheiben zum Garnieren
- 4 Dillspitzen zum Garnieren
- 1 TL Olivenöl zum Garnieren

Zubereitung

- Salatgurke schälen, der Länge nach halbieren und in Scheiben schneiden.
- Im Mixer mit Naturjoghurt, Staubzucker, Wasser und Zitronensaft pürieren.
- Mit Salz und Pfeffer abschmecken und die Suppe kalt stellen.
- Die kalte Gurkensuppe mit einem Pürierstab aufschäumen. Im Glas oder in einer Suppentasse mit Gurkenscheiben, Dillspitzen und Olivenöl garnieren und servieren.

Zutaten für die Kraftsuppe (faschiertes Rindfleisch, Gemüse, Gewürze, Zwiebeln, Fleischsuppe und Eiweiß)

Eiweiß, Gemüse und Gewürze gut mischen und ruhen lassen, bis sich das Eiweiß vom Fleisch gelöst hat.

Kraftsuppe CONSOMMÉ

ca. 2½ Stunden
etwas aufwändig

FÜR 2 LITER

Zutaten

400 g	mageres Rindfleisch (Hals, Schulter, Wade)
30 g	Karotten
20 g	Sellerie
20 g	Lauch
3	Eiweiß (100 ml)
250 ml	kaltes Wasser oder Eiswürfel
½	Lorbeerblatt
4	Pfefferkörner, zerdrückt
½	Tomate
2 l	kalte, fettlose Fleischsuppe
1	Zwiebel
	Salz

etwa 2 Stunden

Zubereitung

- Rindfleisch grob faschieren und in einen großen Topf geben.
- Karotten, Sellerie und Lauch putzen, in größere Stücke schneiden und zusammen mit Eiweiß, kaltem Wasser, Lorbeerblatt, Pfefferkörnern und Tomate zum Fleisch dazugeben, gut vermischen.
- Das Fleisch-Gemüse-Gemisch (Klärfleischansatz) 1 Stunde ruhen lassen.
- Die kalte Fleischsuppe dazugießen und umrühren.
- Zwiebel mit Schale halbieren, mit der Schnittfläche nach unten in einer Pfanne anrösten und dazugeben.
- Die Suppe unter ständigem Umrühren langsam zum Kochen bringen (Fleisch und Gemüse sind schwerer als die Suppe und brennen somit leicht an).
- Auf kleiner Flamme leicht kochen lassen, aber nicht mehr umrühren.
- Dann durch ein Tuch abseihen, entfetten und mit Salz abschmecken.

TIPPS

1. *Als Einlage eignen sich alle Knödelsorten sowie Milzschnitten, Frittaten und Biskuitschöberln.*
2. *Das Fleisch von älteren Tieren hat einen höheren Eiweißgehalt und eignet sich daher besser.*

Den Klärfleischansatz in einen Kochtopf geben, mit Fleischsuppe aufgießen und gut umrühren.

Der Klärkuchen (gestockter Klärfleischansatz) steigt nach oben, und die Kraftsuppe wird klar.

Fleischsuppe BOUILLON

ca. 2½ Stunden
einfach

FÜR 2 LITER

Zutaten

- 600 g mageres Rindfleisch (Brust)
- 3 l kaltes Wasser
- 1 Karotte
- ½ Tomate
- 50 g Stangensellerie
- 50 g Lauch
- 1 Petersilienstängel
- ½ Lorbeerblatt
- 4 Pfefferkörner
- Salz
- 1 Zwiebel, mit Schale gebräunt

etwa 2 Stunden

Zubereitung

- Rindfleisch 10 Minuten in reichlich Wasser kochen lassen, um es zu reinigen (blanchieren).
- Rindfleisch ins kalte Wasser geben und langsam zum Kochen bringen, abschäumen und das Fett abschöpfen.
- Nachdem die Suppe etwa 1 Stunde gekocht hat, geputztes und gewaschenes Gemüse wie Karotte, Tomate, Stangensellerie, Lauch und Petersilienstängel dazugeben. Mit Lorbeerblatt, Pfefferkörnern und wenig Salz würzen. Dann zusammen mit der gebräunten Zwiebel 1 weitere Stunde leicht kochen lassen.
- Das Fleisch herausnehmen und bis zur Weiterverwendung in kaltes Wasser legen. Die Suppe durch ein Tuch abseihen, entfetten und weiterverwenden.

Gemüsebrühe

ca. 40 Minuten
einfach

FÜR 1 LITER

Zutaten

- 1 kg Gemüse (Lauch, Sellerie, Fenchel, Wirsing usw.)
- 1 Zwiebel
- 1 EL Butter
- 2 l kaltes Wasser
- 1 Tomate
- 1 Lorbeerblatt
- 1 Knoblauchzehe
- Salz

etwa 30 Minuten

Zubereitung

- Gemüse putzen, waschen und klein schneiden.
- Zwiebel schälen und in Würfel schneiden.
- Butter in einem hohen Topf schmelzen lassen, Zwiebelwürfel und Lauch darin dünsten. Restliches Gemüse dazugeben und mitdünsten.
- Kaltes Wasser, Tomatenstücke, Lorbeerblatt, Knoblauch und Salz zufügen und sieden lassen.
- Die Gemüsebrühe abseihen und weiterverwenden.

ca. 40 Minuten — einfach

Milzschnitten

FÜR 4 PERSONEN

Zutaten

- 80 g Rindermilz
- 20 g Zwiebeln, fein geschnitten
- ½ Knoblauchzehe, fein geschnitten
- 1 EL Butter
- 1 Eigelb
- 1 EL Petersilie, fein geschnitten
- ½ TL Majoran
- 1 Msp. Zitronenschale, gerieben
- 1 Prise Muskatnuss
- Salz und Pfeffer aus der Mühle
- 1 Eiweiß
- 4–6 Weißbrotscheiben

Zubereitung

- Rindermilz klopfen, aufschneiden und mit einem Esslöffel ausschaben. Zwiebeln und Knoblauch in Butter dünsten, auskühlen lassen und mit der Milz, Eigelb, Petersilie, Majoran, Zitronenschale, Muskatnuss, Salz, Pfeffer vermischen.
- Eiweiß zu Schnee schlagen und unterheben.
- Die Masse etwa 5 mm dick auf die Brotscheiben streichen, mit einer zweiten Brotscheibe belegen, nochmals mit Milz bestreichen und in heißem Fett backen. In 2 cm lange Schnitten schneiden.

etwa 170 Grad — etwa 6 Minuten

ca. 45 Minuten + Ruhezeit — einfach

Grießnocken

FÜR 4 PERSONEN

Zutaten

- 60 g weiche Butter
- Salz
- 1 Prise Muskatnuss
- 1 Ei (60 g)
- 120 g Weizengrieß, mittelfein

Zubereitung

- Weiche Butter schaumig rühren, salzen und mit Muskatnuss würzen.
- Ei verrühren und nach und nach einrühren.
- Weizengrieß mit einem Kochlöffel untermengen.
- Die Grießmasse etwa 15 Minuten ruhen lassen (nicht im Kühlschrank).
- Mit einem Löffel kleine Nocken formen, in kochendes Salzwasser geben und langsam zugedeckt garen lassen.
- In heißer Fleischsuppe servieren.

etwa 30 Minuten

ca. 20 Minuten + Ruhezeit — einfach

Frittaten

FÜR 4 PERSONEN

Zutaten

60 g	Mehl
100 ml	Milch
	Salz
2	Eier

Weiteres

Öl zum Backen

Zubereitung

- Mehl, Milch und Salz mit dem Schneebesen glatt rühren.
- Ei dazugeben und verrühren, bis der Teig sämig ist.
- Den Teig 15 Minuten quellen lassen.
- In einer Pfanne wenig Öl erhitzen, den Teig dünn einlaufen lassen, dabei die Pfanne schräg halten. Der Pfannenboden muss gleichmäßig mit einer dünnen Teigschicht bedeckt sein.
- Den Teig beidseitig goldgelb backen.
- Diesen Vorgang so lange wiederholen, bis der gesamte Teig verbraucht ist.
- Die erkalteten Palatschinken aufrollen,in dünne Streifen schneiden und in heißer Fleischsuppe servieren.

etwa 2 Minuten

ca. 35 Minuten — einfach

Biskuitschöberl

FÜR 4 PERSONEN

Zutaten

2	Eier
	Salz
1 Prise	Muskatnuss
30 g	Mehl
1 EL	Speisestärke
1 Msp.	Backpulver

Zubereitung

- Eier in Eigelb und Eiweiß trennen.
- Eiweiß mit einer Prise Salz zu Schnee schlagen.
- Eigelb mit Salz und Muskatnuss verrühren und unter den Eischnee heben.
- Mehl, Speisestärke und Backpulver vermischen und mit dem Holzlöffel vorsichtig unterrühren.
- Ein kleines Kuchenblech mit Backpapier auslegen und die Biskuitschöberlmasse fingerdick rechteckig aufstreichen.
- In den Backofen schieben und braun backen.
- Nach dem Backen das Biskuit vom Blech stürzen, Backpapier abziehen und die Masse erkalten lassen. In Rauten oder Würfel schneiden und in heißer Fleischsuppe servieren.

etwa 180 Grad — etwa 8 Minuten

Die Autoren bedanken sich bei folgenden Firmen

Kleines Küchenlexikon

Dieses kleine Glossar erklärt einige bekannte Fachbegriffe, die zum Kochen und Backen in der Küche gebraucht werden. In der Auflistung finden Sie Zubereitungsmethoden und handwerkliche Begriffe, die Ihnen in den Rezepten begegnen und über die Sie vielleicht noch einmal genau informiert werden möchten.

Anschwitzen/dünsten	Zwiebeln oder Gemüse in Fett bei geringer Hitze garen, ohne zu bräunen
Beinfleisch	gekochtes Rindfleisch, meist aus der Brust
Cannellini-Bohnen	hellbeige, kleine Bohnen; werden gerne für Salate und Suppen verwendet
Ciabatta-Brot	typisches italienisches Weißbrot
Consommé	geklärte Kraftsuppe; je nach Grundlage und Bestandteil erhält die Suppe den Namen Rindskraftsuppe, Wildkraftsuppe, Geflügelkraftsuppe
Frittaten	Suppeneinlage, feine Streifen geschnittene Pfannkuchen, Flädle
Klarifikation/Klären	das Auskochen von Klärfleisch bei der Herstellung von Kraftsuppen
Legieren	Suppen binden oder auch sämig machen, indem man sie mit Eigelb und Sahne verfeinert
Mehlschwitze	Einbrenn
Pasta e fagioli	italienische Bohnensuppe
Schalotten	kleine Zwiebelart mit mildem, aromatischem Geschmack
Schöberl	Biskuiteinlage für Suppen, in Rauten geschnitten
Tigullio	klassische italienische Fischsuppe

Ländertypische Bezeichnungen

Öfters kommt es innerhalb der deutschsprachigen Länder zu Missverständnissen und Verwechslungen aufgrund von unterschiedlichen Benennungen. Die nachstehende Übersicht soll für Klarheit sorgen.

Südtirol/Österreich	Deutschland
Brennsuppe	braune Einbrennsuppe
Erdäpfel	Kartoffeln
Fisolen	Grüne Bohnen
Karfiol	Blumenkohl
Keschtn/Kösten	Kastanien/Maroni
Kren	Meerrettich
Kobis	Weißkraut/Weißkohl
Nocken	längliche Klößchen
Pasta e fagioli	italienische Bohnensuppe

Südtirol/Österreich	Deutschland
Paradeiser	Tomaten
Peperoni	Paprikaschote
Rahm	Sahne
Rindssuppe	Fleischbrühe
Rohnen	Rote Bete
Schwammerln	Pilze
Topfen	Quark
Vinschger Paarlen	paarweise gebackenes Roggenbrot

Register

Stichwörter mit roten Seitenzahlen befinden sich im Rezeptteil. Stichwörter mit **schwarzen** Seitenzahlen befinden sich im Abschnitt »Wissenswertes«.

A

Artischockensuppe 30

B

Beilagen 12
Biersuppe 48
Biskuitschöberln 85
Blanchieren 14
Blumenkohlsuppe und Broccolisuppe 28
Bohnensuppe 78
Bouillon/Brühe 13, 83
Braune Linsensuppe 68
Brennsuppe mit Kartoffeln 50
Broccolisuppe und Blumenkohlsuppe 28
Buchweizensuppe 64

C

Champignonrahmsuppe 34
Consommé 14, 82
Consommé double 15

D

Dinkelvollkornsuppe 62

E

Eiernudelteig 72
Einlagen 12
Erbsensuppe 78
Essenz 15

F

Fenchelsuppe 60
Feurige Bohnensuppe 78
Fischsuppen 7
Fischsuppe, gebundene 40
Fischsuppe Tigullio 40
Fleischsuppe 83
Frittaten 85

G

Garnelensuppe 44
Gebundene Fischsuppe 40
Gebundene Suppen 6
Gelbe und rote Peperonisuppe 28
Gemüsebrühe 6, 83
Gemüsesuppe mit Fadennudeln 70
Gerstsuppe 56
Gewürze und Kräuter 11
Gorgonzola-Polentasuppe 66
Grießnocken 84
Grießsuppe 60
Gulaschsuppe 76

H

Hirsesuppe 62
Hühnersuppe mit Tortellini 72
Hummercremesuppe 44

K

Kalte Gurkensuppe 80
Kalte Suppen 7
Kalte Tomatensuppe 80
Kaltschalen 8
Kartoffel-Wirsingsuppe mit Selchfleisch 22
Kastanien schälen 54
Kastanien-Steinpilzsuppe 54
Kichererbsensuppe 78
Klare Muschelsuppe 38
Klare Suppen 6
Kraftbrühe 14
Kraftsuppe 82
Kräuter-Gemüse-Bündel 6
Kräuter und Gewürze 11
Küchenhilfen 16
Küchenlexikon 87
Kürbissuppe mit Amaretti 20
Kürbissuppe mit Zwiebeln und Speck 20

L

Ländertypische Bezeichnungen 87
Leberknödelsuppe 46
Linsensuppe 68

M

Maiscremesuppe 26
Miesmuschelsuppe 38
Milzschnitten 84
Morchelrahmsuppe 34
Muschelsuppe 38

P

Pasta e fagioli (braune Bohnensuppe) 78
Peperonisuppe 28
Petersilienwurzelsuppe mit Lachs 24
Pfifferlingrahmsuppe 34
Polentasuppe 66
Polenta-Trüffelsuppe 66

R

Reduzieren 17
Regionale Suppen 6
Reis-Fenchelsuppe mit gebackenen Scampi 60
Rohnen-Suppe mit Ingwer 26
Röstbrot 12, 74

S

Sauerkrautsuppe 52
Saure Suppe 50
Scampi, gebacken 60
Schwarzbrotsuppe 58
Schwarzwurzelsuppe 24
Sektschaumsuppe 48
Siedefleisch für Suppen 16
Spargelcremesuppe 26
Speckknödelsuppe 7, 46
Steinpilzsuppe 54
Stockfischsuppe 42
Suppe heute 5
Suppenarten 6
Suppen-Aufbewahrung 12
Suppen binden 16
Suppenfleisch 15
Suppen mit Geschichte 8
Suppen servieren 12
Suppen und Wein 19

T

Terlaner Weinsuppe 48
Tigullio 40
Tomatencremesuppe 36
Tomatisierte Lauchsuppe 36
Topinambursuppe 22
Tortellini 72

U

Überbrühen 14

V

Vinschger-Paarl-Suppe 58

W

Wein 19
Weinsuppe 48
Weiße Zwiebelcremesuppe mit Salsicce 74
Weizenvollkornsuppe 62
Wildkräutersüppchen 32
Wildkräuter/Wildgemüse 18
Winterzeit ist Suppenzeit 10
Wirsingsuppe mit Selchfleisch 22

Z

Zandersuppe 42
Zimtcroûtons 48
Zucchinicremesuppe 26
Zwiebelcremesuppe 74